Zwei in einem Sieb

**Judith R. Brown.** Sie ist Psychotherapeutin, Schriftstellerin und Ausbilderin für Psychotherapeuten. Für ihre Arbeit mit Paaren ist sie international bekannt. Ihr Hauptinteresse gilt den menschlichen Beziehungen. Sie lebt in Stanta Barbara, Kalifornien, mit ihrem Mann George I. Brown, ebenfalls Psychotherapeut. Die beiden haben vier inzwischen erwachsene Kinder.

Das vorliegende Buch nutzt Märchen, um daran leicht nachvollziehbar exemplarisch verschiedene Beziehungsfallen aufzuzeigen. Durch Fragen, Wahrnehmungsexperimente und Kommunikationsübungen am Ende jedes Kapitels lassen sich die gewonnen Einsichten auf den eigenen Alltag der Leserinnen und Leser übertragen. Damit ist dieses Buch nicht nur eine unterhaltsame Lektüre, sondern auch praktische Lebenshilfe bei der Bewältigung von typischen Konflikten, die bei Paaren auftreten.

Ein Buch, das Mut macht für das Leben zu zweit – und Wege zu einem lebendigeren und glücklicheren Miteinander eröffnet.

JUDITH R. BROWN

# ZWEI IN EINEM SIEB

## MÄRCHEN ALS WEGWEISER FÜR PAARE

Peter Hammer Verlag
Eine Edition des Gestalt-Instituts Köln / GIK
Bildungswerkstatt

Originaltitel:
»Back to the Beanstalk, Enchantment and Reality for Couples«
GIC Press, Cambridge, Massachusetts, 1979, 1998.

Erste deutsche Ausgabe unter dem Titel
»Und wenn sie nicht gestorben sind:
Zu zweit – wie im Märchen. Wahrnehmung und Kommunikation
in der Partnerschaft«
Sphinx Verlag, Basel 1983.
Aus dem Amerikanischen von Gabriele Ramin.

Die Teile, die in der amerikanischen Ausgabe von 1998
neu hinzu gekommen sind, übersetzte Stefan Blankertz.
Die deutsche Übersetzung von 1983 ist durchgesehen
und in neue Rechtschreibung übertragen worden.

Die Deutsche Bibliothek - CIP Einheitsaufnahme
Ein Titeldatensatz für die Publikation ist bei
Der Deutschen Bibliothek erhältlich.

© GIC Press 1979, 1998
© Für die deutschsprachige Ausgabe:
Erhard Doubrawa, Köln 2004
Peter Hammer Verlag GmbH, Wuppertal
Alle Rechte ausdrücklich vorbehalten
Umschlaggestaltung: Magdalene Krumbeck
Herausgeber der Edition GIK im Peter Hammer Verlag:
Anke und Erhard Doubrawa
Satz: Edition GIK-Buchproduktion, Köln
Druck: Westermann Druck Zwickau
Printed in Germany
ISBN 3-7795-0007-8

# INHALT

# GELEITWORT DER HERAUSGEBER

*Ich lache.*
*Die Löcher sind die Hauptsache in einem Sieb.*
*Ich hab dich so lieb.*
– Joachim Ringelnatz

Zwei in einem Sieb – ein treffendes Bild für die Paarbeziehung. Zwei in einem Sieb – ein tiefes Bild für die vielfach erfahrene Zerbrechlichkeit, die eine Paarbeziehung beinhaltet. Zwei in einem Sieb – werden vom Sieb nur gerade so eben zusammengehalten. Der Rest bedarf erfahrungsgemäß immer wieder, Tag für Tag, kontinuierlichen Bemühens und neuen Engagements für den Weg zu Zweit.

Zu diesem Weg zu Zweit möchte die renommierte amerikanische Psychotherapeutin und Psychotherapeuten-Ausbilderin Judith R. Brown mit ihrem lebendigen und leicht lesbaren Buch ermutigen.

Mit den faszinierenden Bildern der Märchen führt sie die Leserinnen und Leser an typische Muster und Konflikte heran, wie sie sich im Alltag von Paaren häufig ereignen. Während jedoch das Schicksal der Märchenhelden zu endloser Wiederholung oft destruktiver Verhaltensmuster zwingt, haben wir die Freiheit, unsere Beziehungen stets neu zu gestalten.

Das Buch hilft, Störungen in Beziehungen aufzudecken und sich gegenseitig besser kennen und lieben zu lernen. Mit Hilfe von Fragen am Ende der Kapitel, durch Wahrnehmungsexperimente und Kommunikationsübungen eröffnet die Autorin Perspektiven zum lebendigen und glücklicheren Miteinander.

Dieses Buches möchte Einzelnen und Paaren neue Erfahrungen ermöglichen und auf diese Weise »Hilfe zur Selbsthilfe« sein. Doch auch diejenigen Leserinnen und Leser kommen nicht zu kurz, die Judith R. Browns Hintergrund und ihre Herangehensweise verstehen möchten – nämlich die Gestalttherapie. Am Ende des Buches finden sich zwei Beiträge dazu. Judith R. Brown beschreibt den Ansatz der Gestalttherapie und welche Hilfe gerade dieser für Paarbeziehungen bieten kann. In seinem Nachwort würdigt der bekannte amerikanische Gestalttherapeut und Verleger Gordon Wheeler Judith R. Browns vorliegendes Buch als richtungsweisendes für eine narrative, also mit Erzählungen und Märchen arbeitende Therapie aus Gestaltperspektive.

Wir freuen uns, die erweiterte Neuauflage dieses schönen Buches in unserer Edition des Gestalt-Instituts Köln / GIK Bildungswerkstatt im Peter Hammer Verlag veröffentlichen zu können. Nicht zuletzt deshalb, weil uns »erzählte Gestalttherapie« besonders am Herzen liegt. Denn auf diese »erzählende« Weise können in der Gestalttherapie gemachte Erfahrungen am besten weitervermittelt werden.

Wir wünschen Ihnen viel Freude bei der Lektüre – und viele neue Erfahrungen für den Weg zu Zweit.

Köln, im Februar 2004

*Anke und Erhard Doubrawa*
Gestalt-Institut Köln / GIK Bildungswerkstatt
www.gestalt.de · gik@gestalt.de

# DANKSAGUNGEN

### Für die zweite Ausgabe 1998

*An Nils Maganar Grendstad:*
Es war in der Mitte der 1970er Jahre, dass ich die Idee hatte, Märchen zu benutzen, um das komplexe Thema von Beziehungen anzugehen. Zwei Jahre vorher hattest du mir ein Buch zum Geburtstag geschenkt. Ich habe es jetzt vor mir liegen. Du schreibst: »6. Dezember 1972. Judy, mehr als fast alle anderen Bücher hat mir dies beim Wachsen geholfen. Und wie die Kerze auf dem Titelbild, verbreitest du Licht und Wärme um dich herum und bei mir. Danke. Und möge das Glück mir dir sein.« Unterzeichnet mit »In Liebe, Nils.« Ich hatte dich vor Augen, Nils, als ich ein neues Vorwort und den Essay verfasst habe, der als Epilog abgedruckt ist. Obwohl ich dir das letzte Mal vor über vier Jahren Lebewohl gesagt habe, bist du für mich wie für viele anderen immer noch eine Inspiration. Ich habe dein Geschenk gehegt und gepflegt: Martin Bubers *The Way of Man: According to the Teaching of Hasidism* [dt. »Der Weg des Menschen nach der chassidischen Lehre«]. Das Buch hat mir den Impuls gegeben, wie durch ein Blitzlicht, Märchen zu benutzen, weil sie reich an Stoff über die Natur von Paarbeziehungen sind. Und stell dir vor, dass dein Geschenk nach all den Jahren immer noch Früchte trägt.

*An Gordon Wheeler [Verleger der amerikanischen Neuausgabe]:*
Ich mag dieses, mein erstes Buch. Du hast es aus dem Hintergrund meines Lebens hervorgeholt und ihm einen zentralen Platz gegeben, genauer gesagt, den Platz auf meinem Schreibtisch. Um ein neues Vorwort und den Epilog zu schreiben, habe ich es nach über achtzehn Jahren das erste Mal wieder gelesen. Es erscheint wie ein Enkel – eine große Gnade, die auf den Flügeln der Leistungen von jemand anderes herbeikommt, aber dennoch ist es meins. Eigentlich bist jetzt eher du

der Vater von dem Buch und wirst es auf seinem Weg in die Welt behüten. Wie dankbar ich dir bin! Ich weiß, dass du es gut vorbereiten wirst. Wie stolz wir sein werden!

### Für die erste Ausgabe 1979

Mein großer Dank gilt Ted Berkman für seine Hilfe. Sein Rat als Schriftsteller und Lehrer war unschätzbar. Meinen Freunden Genie Laborde, die sagte »Schreib's«, und Chris Brainard, die an mich glaubte und immer Interesse zeigte, bin ich besonders dankbar. Dank auch an Jesse Thomas für sein Wohlwollen und seinen editorischen Rat. Und als wichtigstes danke ich meinem Mann George für die dreißig Jahre an ehelichem »Stoff«, fortgesetzter Ermutigung und Unterstützung.

### Widmung
Für George

# VORWORT

## Zur amerikanischen Neuausgabe

Märchen sind von bemerkenswerter Beständigkeit. Sie waren mir ein Vergnügen, als ich sie vorgelesen bekam; ich habe sie meinen Kindern vorgelesen und jetzt meinen Enkeln. Ist es nicht verblüffend, dass wir uns mit den Charakteren in diesen zeitlosen Geschichten indentifizieren und in ihren Schwierigkeiten und Verwicklungen unsere eigenen wiederfinden können? Während eines besonderen Vorfalls vor 22 Jahren erinnerte mich mein Verhalten an die Frau des Menschenfressers in »Der Menschenfresser und seine Frau«. Auf diese Weise entstand die Idee, Paare in Märchen als Wegweiser zu benutzen, um eheliche Beziehungen zu betrachten.

**Das Wort »Ehe« gebrauche ich im Sinne einer intimen fortwährenden Beziehung zwischen Erwachsenen, ob sie nun verheiratet sind oder nicht.**

Ich suchte nach Geschichten, die die Absurdität von normalen Paaren in ihren Kämpfen widerspiegeln, das Zusammenleben zu meistern. Sowohl in meiner therapeutischen Arbeit mit Paaren als auch in meiner eigenen Ehe werde ich wieder und wieder daran erinnert, dass wir uns oft in einer Weise gegenseitig beeinflussen, die uns nicht erfreut; dass wir miteinander in einer Weise umgehen, die Distanz entstehen lässt, obwohl wir Nähe suchen; und dass wir dann nicht die entfernteste Idee haben, wie wir dahin gekommen sind. Oft wissen wir etwas davon, was unsere Partner getan haben, aber wir vergegenwärtigen uns nicht unseren eigenen Anteil an dem Drama.

Es ist mehr als Unterhaltung, was diese Märchenpaare uns bieten. Ihr übertriebenes und zwanghaftes Verhalten untereinander zeigt, was es wirklich meint, wenn wir sagen: »Zum Tango gehören immer zwei.« Ihren Tänzen kann man Schritt für Schritt einfach folgen – der Frau, die immer das Gegenteil wollte, und ihrem Mann; dem rückgratlosen Fischer und seiner gierigen Frau und den anderen unglücklichen Charakteren in den Märchen der folgenden Kapitel. Seit Jahren gehen sie den immer gleichen Trott und hinterlassen dabei tiefe Furchen ohne daran zu denken, das, was sie tun, zu verändern. Wie kann man von ihnen erwarten, dass sie ihre eingeschränkten Ansichten und begrenzten Verhaltensweisen überwinden? Oh, und wie ähnlich sie uns sind! Wir begrenzen unsere Ansichten über uns selbst und unsere Partner auf enge Silhouetten und beschränken unsere Interaktionen so, dass sie in diese engen Schubladen passen.

Wenn ich das Buch heute schreiben würde, bekäme es unzweifelhaft eine andere Gestalt. Ich bin nicht dieselbe wie vor zwanzig Jahren, auch unsere Welt hat sich geändert. Als ich es wieder gelesen habe, konnte ich jedoch seine Einfachheit und Klarheit erkennen und schätzen. Obwohl ich an grundlegenden und komplizierten Fragen des Lebens gerührt habe, habe ich es vermieden, in philosophische Diskussionen und theoretische Erklärungen abzudriften. (Für die, die an therapeutischer Theorie und Praxis interessiert sind, habe ich den Epilog verfasst.) Der Text ist frisch und unverdorben und es ist mir berichtet worden, dass er sowohl für Paare zur Selbsthilfe als auch für Therapeuten im Umgang mit ihren Klienten nützlich gewesen ist.

Der unwandelbare Charakter der Märchenwelt ist uns in unserer schnell wachsenden Bevölkerung und technischen Entwicklung unbekannt, besonders in den Bereichen der Information und Kommunikation. Die vielfältigen Veränderungen unserer Kultur in den letzten Jahre – von der Verbreitung der Personalcomputer bis zur wachsenden Einnahme von Prozac – haben einen Einfluss auf die Paarbeziehungen. Dennoch ist das, was die Partner brauchen und möchten, ziemlich gleich geblieben und das trotz der dramatischen Veränderungen in der Struktur der meisten Paarbeziehungen. Die traditionelle heterosexuelle legalisierte Ehe ist verdrängt worden von Paaren, die ungeachtet ihres Geschlechtes und ihrer sexuellen Vorlieben in festen Beziehungen leben. Bei den meisten Paaren gehen beide Partner außerhalb des Hauses arbeiten, egal ob sie Kinder haben oder nicht. Eine weitere Tradition haben wir hinter uns gelassen, nämlich dass

Männer die Lohntüte nach Hause bringen, während die Frauen sich um die Kinder kümmern, das Haus putzen und den Gatten glücklich machen – oder wenigstens zusehen, dass die Kinder sauber sind und dass das Abendessen pünktlich auf dem Tisch steht. Die Paarbeziehungen werden weiter durch die Nebenfolgen von Scheidungen verkompliziert: Ex-Ehepartner, Kinder aus früheren Ehen, Stiefkinder, Patchwork-Familien. Das alles ist schwierig und bringt Probleme sowohl für die Kinder als auch für die Erwachsenen mit sich. Der sowieso schon harte Job, eine harmonische Ehe zu schaffen, wird dadurch nicht leichter.

Die grundlegendsten Bedürfnisse und Wünsche, wenn wir ein Paar werden, bleiben die gleichen, nämlich für eine dauerhafte Verbindung aus gegenseitiger Liebe und Unterstützung zu sorgen. Idealerweise finden wir aneinander Freude und gelangen zu einer Entspannung und Zufriedenheit, die das jeweils Beste in beiden von uns hervorbringt. Weil wir Menschen sind, wissen wir, dass es frustrierend, schmerzlich und einfach hart sein kann, ein Leben miteinander zu teilen. Manchmal scheint es eine Sache auf Leben und Tod zu sein, wenn wir meinen, beweisen zu müssen, Recht zu haben! Das ist sehr menschlich. Aber anders als die Paare in den Märchen können wir aus Erfahrung lernen, unsere Kreativität benutzen, den Sinn für Humor behalten und uns die Zeit nehmen, unseren Partner zu sehen – denn wir alle brauchen das: gesehen zu werden, wirklich gesehen und gewürdigt zu werden.

Uns selbst zu sehen ist auch wichtig. Das ist die Hauptidee dabei, Erzählungen zu benutzen, nämlich uns mehr dessen gewahr zu werden, was wir im Verhältnis zu unseren Partnern tun. Eine Gefahr dabei, uns selbst mit mehr Klarheit zu sehen, besteht darin, dass wir einen kurzschlüssigen Zweistufenplan entwerfen: Wir bewerten uns und sagen uns, dass wir uns bessern müssen. Als eine Alternative habe ich am Ende eines jeden Kapitels einige Fragen und Gewahrseinsübungen angefügt. Ich hoffe, Sie werden sie benutzen, um mehr über sich und die Möglichkeiten für Sie beide zu entdecken. Ich hoffe, sie werden zu gemeinsamen, erfreulichen und kontaktreichen Erfahrungen und führen zu lebendigeren Entscheidungen und weniger »automatischen«, sich wiederholenden und langweiligen Interaktionen .

Als Menschen sind wir nicht perfekt, vielleicht nicht einmal fähig, perfekt zu werden. Wir sind ungeduldig, ärgerlich, kleinlich, eifersüchtig, ängstlich und unendlich hungrig nach Liebe. Wir sind oft unentschieden, ja in Konflikt mit uns selbst. Wir denken Dinge, von denen wir uns sagen, dass wir sie nicht denken sollten. Wir fühlen Gefühle, die wir für falsch oder unangemessen halten. Wir sagen Sachen, die wir so nicht meinen. Wir haben unrealistische Erwartungen – an uns selbst und an denjenigen, den wir heiraten. Es ist gut, uns manchmal daran zu erinnern, den Platz der Liebe einzunehmen, den einzigen Platz, an welchem wir die Unzulänglichkeiten unserer Geliebten nicht gegen ihn oder sie verwenden, sondern als Zeichen ihrer Menschlichkeit anerkennen: Ihre Befürchtungen und ihre Sehnsüchte spiegeln unsere eigenen wieder.

### Zur amerikanischen Erstausgabe

Wenn wir uns in einem Jahrmarktsspiegel sehen, erkennen wir uns wieder, wie verzerrt auch immer das Bild ist. Künstler haben uns tatsächlich gelehrt, dass Übertreibungen und Verzerrungen uns helfen können, die Wirklichkeit zu entdecken. In dieser Sammlung verwende ich einige Ehepaare aus Märchen als Vergrößerungsgläser, die uns durch die in Märchen übliche Übertreibung helfen, uns selbst und unser Verhalten in unseren Ehen zu erkennen.

Das Wort »Ehe« wird benutzt, um alle intimen, fortdauernden Beziehungen zwischen Erwachsenen zu bezeichnen. Die Bezeichnungen »(Ehe)Mann« und »(Ehe)Frau« werden aus Gründen der Verständlichkeit verwendet, aber sie können sich auch auf das Verhalten des Partners vom jeweils anderen Geschlecht beziehen.

Wie die Oberfläche in einem Verzerrungsglas nicht ein genaues Abbild von uns liefert, so sind diese Märchencharaktere nicht dazu da, als Repräsentanten des wahren Lebens zu dienen, sondern als hervorgehobene Beispiele für Verhaltensweisen, die wir alle in unterschiedlichem Maße in verschiedenen Situationen aus unserer Erfahrung kennen.

Märchen haben unsere Träume genährt und versorgen uns mit romantischen Fantasien über die Ehe. Wir haben alle mit der Muttermilch solche Illusionen eingesogen wie »eines Tages kommt mein Prinz«, und »sie lebten glücklich und zufrieden«. Nun lassen Sie uns die Märchen auf einer anderen Ebene anschauen, nämlich als Widerspiegelungen der Wirklichkeit. Vielleicht können wir mit ihrer Hilfe von unseren übermäßigen Erwartungen an uns selbst und unsere Partner ablassen und neue Wege lernen, uns wahrhaft aufeinander einzulassen. Mit neuem Gewahrsein und einigen Anstrengungen könnten unsere Träume von einem reichen, erfüllten Eheleben eines Tages wahr werden.

## Zur ersten deutschen Ausgabe

Zwei Menschen, die zusammenleben, werden in jeder Phase ihrer Zweisamkeit vor Probleme und Konflikte gestellt, die unausweichlich entstehen, wenn zwei Menschen Tisch und Bett teilen. In den alten Märchen und Legenden, auf die ich mich in diesem Buch beziehe, erfahren wir von den Konflikten zwischen Eheleuten; und das tönt auch in unserer heutigen Zeit noch sehr vertraut: Wessen Arbeit und Beitrag ist wichtiger? Wer trifft welche Entscheidungen? Wer muss was für wen tun? Wir erkennen, dass diese entweder stillschweigend oder laut zum Ausdruck gebrachten Machtkämpfe in den Märchen genau so vorkommen wie in unseren Städten und Dörfern, ja sogar unter unserem eigenen Dach.

In unserem gegenseitigen Versuch, unseren Partner zu verändern, diesen anderen Menschen umzuformen, bis er in unsere Vorstellung passt, neigen wir dazu, unseren Sinn für Humor, unsere Großzügigkeit und unseren guten Willen – diese so notwendigen Zutaten für ein Freude und Wärme spendendes Leben zu zweit – zu verlieren.

Im Gegensatz zu den Märchenpaaren, deren Schicksal sie dazu bestimmt, ihre gewohnheitsmäßigen, oft destruktiven, gegenseitigen Verhaltensmuster ständig zu wiederholen, können wir unsere Beziehungen immer aufs Neue gestalten. Gerade jetzt, wo das Interesse für langfristige und ernsthafte Bindungen und Ehen gegenüber den unverbindlicheren Beziehungen mit dem »Spielgefährten« wieder sehr viel stärker geworden ist, suchen viele Menschen nach Möglichkeiten, ihr Zusammenleben zu vertiefen. Sie suchen nach Wegen, ihre Beziehungen so aufzubauen, dass sie all die Zeiten und Gelegenheiten des Auseinanderlebens überdauern, in denen sich jeder in eine andere Richtung hingezogen fühlt.

Ich hoffe, dass dieses Buch den Menschen, die ihre Aufmerksamkeit auf das richten, was sie gemeinsam tun und erleben können, und Energie und Zeit darauf verwenden, für sich und den anderen etwas Besonderes zu schaffen, Unterstützung und Anregung vermitteln wird.

**Zur Beachtung:** Es soll sich keine Missachtung darin ausdrücken, dass aus Gründen der leichteren Lesbarkeit in diesem Text durchgehend das männliche Personalpronomen benutzt wird.

# 1. ZWEI IN EINEM SIEB

Sie fuhren im Sieb aufs Meer hinaus,
im Sieb stachen sie in See.
Das Warnen der Freunde hielt sie nicht ab
am Wintermorgen, am stürmischen Tag
im Sieb zu fahren auf See.
Das Sieb, es drohte zu sinken bald,
ein jeder rief: »Ihr ertrinkt doch, Halt?«
Da schrien sie: »Das Sieb ist zwar klein, ihr Leut',
doch das kümmert uns nicht, es schert uns kein' Deut.
Wir fahren im Sieb auf See!«

*Aus: »Die Jumblies« von Edward Lear*

Heiraten ist für viele von uns so etwas, wie in einem Sieb in See stechen. Wie die Jumblies\*) haben wir eine magere Ausrüstung und eine ungewisse Zukunft vor uns, aber das hält uns nicht auf. Was auch immer die Jumblies veranlasst haben mag, sich auf die waghalsige Reise zu begeben, ihre großen Hoffnungen waren ihnen eine Hilfe auf dem Weg. Ganz so geht es uns auch. Wenn in unserer glücklichen Vorstellung alle Träume noch in Erfüllung gehen können, dann ist eine Hochzeit ein wundervoller Beginn und Start. Wir wissen, genau wie die Jumblies, wir werden es schon schaffen!

Mit welchen großen Hoffnungen stürzen wir uns in die Ehe? Die Liste ist lang und abwechslungsreich, vernünftig und lächerlich, ausgesprochen und unausgesprochen, erreichbar und unerreichbar. Unter all dem liegt die Hoffnung, unser Leben mit jemand Besonderem zu teilen, ihn im Innern anzurühren und von ihm berührt zu werden.

---

\*)  Jumblies (engl.): die, die alles durcheinander bringen [A. d. Ü.].

Diese Hoffnung veranlasst uns, den großen Schritt zu machen. Dieser langgehegte Traum lässt uns selbst dann noch paddeln und schöpfen, wenn die Fahrt rauh wird.

Denn obwohl wir uns vorstellen, dass unsere Ehe wie eine schöne stolze Yacht sein wird, die auf ruhiger See dahingleitet, entpuppt sie sich als Schiff, das kaum seetüchtig ist. Schon bald bekommt es Lecks. Die Nahtstellen mit Aufschriften wie »Geld«, »Sex«, »Macht«, »Schwieger…« und »Kinder« drohen zu platzen. Und was noch schlimmer ist, auch die Boote von Freunden und Verwandten laufen auf Grund, wir sehen es rundherum. Es scheint, falls irgend etwas an unserer Situation getan werden kann, dass wir es selbst tun müssen. Wir wissen aber nicht, was wir tun sollen. Träume, die mit Entschiedenheit gestützt werden, können uns vorübergehend vor dem Untergehen bewahren, es reicht aber nicht, lediglich flott zu bleiben. Wer will schon ständig kämpfen? Wir möchten uns wohl fühlen, etwas Sonnenschein und die Landschaft genießen und uns an der Reise freuen. Was hindert uns denn?

Zuerst einmal ist da die unmittelbare Schwierigkeit, in eine neue und intime Beziehung geworfen zu sein: die Notwendigkeit, zwei Leben, zweierlei Einstellungen und Gewohnheiten ineinander zu fügen, beansprucht unglaublich. Dafür sind die Talente eines internationalen Diplomaten, die Vorsicht eines Hirnchirurgen und die Ausdauer eines Langstreckenläufers erforderlich, ganz zu schweigen von Treue, Intelligenz und Humor. Vielleicht haben wir von diesen Eigenschaften zu wenig. Gewöhnlich bemerken wir, was ebenso entmutigend ist, dass wir in alten Gewohnheiten festhängen, die uns überhaupt nichts nützen.

Als ob das nicht schon reichte, fügen wir diesen Problemen nun noch drei weitere Gefahren hinzu: unsere unmöglichen Vorstellungen darüber, wie die Ehe sein »sollte«, unsere ewig präsenten Ängste und unseren Mangel an Erfahrung und Ausrüstung (wie, da gibt es kein Ruder?).

Sogar vor den Hochzeitsfeierlichkeiten werden wir schon mit unvernünftigen Regeln für eine »ideale Ehe« bombardiert und akzeptieren sie bis zu einem gewissen Grad auch als die eigenen Ziele. Wir denken: »Ja, das stimmt. Meine Ehe sollte schöpferisch, voller

Freude, offen und ehrlich sein; ich sollte liebevoll und spontan sein und mich entwickeln.« Diese Aussagen haben eine große Kraft, aber nur wenig Klarheit. Sie halten uns in einem »Ich-sollte-Netz« gefangen und verführen uns, nach den vagen Erwartungen eines anderen zu leben. Wenn wir diese aus Illusionen zusammengesetzten Hoffnungen zu erfüllen versuchen, sind wir zu Misserfolgen und Enttäuschungen verdammt.

Die zweite Gefahr ist die Angst. Den Jumblies ist Angst offensichtlich unbekannt. Sie »scheren sich keinen Deut« um den winterlichen Sturm oder die Warnungen ihrer Freunde. Unglücklicherweise sind wir andern nicht so immun. Wenn wir uns in die Ehe aufmachen, marschieren unsere Ängste gleich neben uns. Wir nehmen nicht nur die Alpträume aus unserer Vergangenheit mit, sondern erfinden auch die möglichen Tragödien der Zukunft. Wir fürchten panisch, unser Partner könnte uns verlassen. Wir blieben allein zurück. Keiner wird uns lieben. Angst treibt uns zu Manipulationen und Machtkämpfen. Angst presst uns aneinander und reißt uns wieder auseinander.

Die dritte Gefahr ist unsere Unerfahrenheit. Wir wissen nicht automatisch, wie man verheiratet ist; um mit unserer neuen Situation umzugehen, haben wir nur wenig Handwerkszeug. Mit jemand Besonderem zusammen zu sein, bringt schon Freude und Zufriedenheit mit sich, doch wenn unsere Wirklichkeit nicht mehr mit unseren unrealistischen Erwartungen übereinstimmt, dann geht das mit Unzufriedenheit, Entmutigung, Einsamkeit und Feindseligkeit einher. Wie kommt es, dass wir uns so festrennen? Und wie können wir das vermeiden?

Die beiden sichersten und schnellsten Wege, sich festzufahren, sind »verteidigen« und »beschuldigen«. Meinungsverschiedenheiten sind unvermeidlich. Wenn in unserer Beziehung etwas Unerfreuliches auftritt, oder es Streit gibt, dann nehmen wir an, dass nur einer unrecht hat, und das ist selbstverständlich der andere. Darum werfen wir ihm vor:

»Du bist schuld, weil du so eklig bist.«
»Wenn du nicht so wärst, wäre alles in Ordnung.«

»Nie hörst du mir zu.«
»Immer willst du Recht haben.«

Oder wir wechseln zum Gegenteil: anstatt den anderen zu beschuldigen, verteidigen wir uns nun selbst.

»Das ist nicht meine Schuld, ich hab mir wirklich Mühe gegeben.«
»Ich hab doch nur getan, was du mir gesagt hast.«
»Ja, aber was ich gemacht habe, war noch nicht so schlimm wie das, was du gemacht hast.«

Dieses letzte Beispiel kombiniert sogar Verteidigen mit Beschuldigen. Nun dauert es nicht mehr lange, bis wir zumindest eine blasse Ahnung bekommen, dass wir mit dieser Taktik überhaupt nichts erreichen. Sie mag sogar unserem Partner und unserer Beziehung schaden. Doch immer wieder lassen wir uns von unserem Wunsch hinreißen, unsere Unschuld zu beweisen und zu leugnen, dass von unserer Seite aus irgendeine Änderung nötig ist.

Verteidigen und Beschuldigen sind nicht die einzige Art und Weise, sich festzufahren. Durch unsere Unerfahrenheit können wir auch in andere Fallen geraten. Um sie zu umgehen und eine erfolgreiche Beziehung aufzubauen, ist eine unschätzbare Hilfe, wenn wir eine gute Bewusstheit unserer selbst, unserer Empfindungen, Gefühle und Gedanken entwickeln. Sehr oft wissen wir, was wir empfinden sollten (»Ich bin mit meinem Mann im Bett, da sollte ich Liebe und Verlangen empfinden«), oder was wir wünschen sollten (»Ich sollte wollen, dass meine Frau erfolgreich ist und vorankommt«) und was richtig ist zu glauben (»Es ist richtig zu glauben, dass er es für uns beide macht«), ohne zu wissen, was wir nun tatsächlich fühlen, möchten oder glauben.

Das »Erkenne dich selbst« ist leichter zu verstehen, wenn man Kindern zuschaut, als wenn man Philosophen lauscht. Woher wissen Kinder, wann sie Hunger haben? Durch die Uhr? Nein, durch den Magen. Woher wissen sie, wann sie frustriert sind oder frieren, sich ärgern, fürchten oder zufrieden sind? Sie wissen es direkt dadurch, wie sie sich fühlen, aus der eigenen Erfahrung ihrer selbst im Augenblick. Und sie teilen ihren Zustand bereitwillig und direkt mit. Wir hingegen als Erwachsene haben so viele schlaue Mittel und Wege gefunden, wie wir die momentane Erfahrung vermeiden können, sodass unser Körper seine Botschaften vergeblich aussendet. Das Radio in unserem Kopf besteht darauf, Wörter auszusenden, es hat aber keine Verbindung zu unserer Bühne.

Es ist offensichtlich, dass Verheiratetsein nicht so schön ist, solange wir so festgefahren sind. Das Problem ist, dass wir zu oft die Schwierigkeiten nicht sehen können. Sie sind verborgen, verhüllt, verflüchtigen sich, vielleicht bemerken wir nicht einmal, dass sie existieren. Und trotzdem, auch wenn keine Ehe der andern gleicht und eine Regel nicht alle Probleme löst, gibt es Wege, sowohl mit den echten wie den eingebildeten Hindernissen, die unsere eheliche Reise bedrohen, fertig zu werden. Um den Fäden, in denen wir uns gegenseitig verwickeln, zu entkommen, müssen wir wahrnehmen, was wir da tun, erfahren, was wir fühlen, und uns einander mitteilen und das in einer Weise, die uns anfangs fremd erscheint. Zum Beispiel bei dem vertrauten Verteidigen und Beschuldigen:

»Mit dir kann man einfach nicht reden.«
»Alles, was ich dir sage, legst du mir falsch aus.«
»Lieber würdest du dich umbringen als dich entschuldigen.«

Wie anders hört sich das an, wenn Gefühle ausgedrückt werden:

Sie: »Ich bin heute nachmittag enttäuscht.«
Er: »Ich habe mich schon gewundert, woran du wohl rumkaust. Ich habe so ein Gefühl von ›pass auf, gleich geht's los‹.«
Sie: (lachend) »Ja, ich glaub, ich war kurz davor, dich in die Luft zu sprengen.«

Es mag zwar immer noch einen Streit geben, doch in dem obigen Austausch finden wir Kontakt, es wird zugehört, da ist Authentizität, Bewusstheit und Ausdruck von Empfindungen und Gefühlen. Diese Leute beginnen ihre Sätze mit »Ich«. Wir alle haben Gefühle und auch die Fähigkeit, sie auszudrücken. In dem Maße, wie wir unsere Fähigkeit vergrößern, aus dem Gefühl heraus zu reagieren, bereichern wir unsere Möglichkeiten, mitzuteilen, wie es uns geht. Indem wir mitteilen, wie es uns geht, vergrößern wir unsere Fähigkeit, aus dem Gefühl heraus zu reagieren. Dann werden wir lebendig. Lebendigkeit und Erregung erfüllt uns; wir werden dreidimensional, mit uns selbst und anderen vertrauter.

Auf diesem Weg können wir die traditionellen Gefahren umschiffen, die unserem Kurs im Weg stehen; wir können nun, ausgestattet mit neuen Möglichkeiten der Wahrnehmung, Erfahrung und Kommunikation, die Maßstäbe über Bord werfen, mit denen sich niemand je messen konnte. Wir können neues Handwerkszeug entwickeln, das uns befähigt, auf andere Art und Weise miteinander in Beziehung zu treten. Wir können sogar unsere Ängste miteinander teilen.

Eine Heirat geschieht ja nun nicht einfach so. Wir werden nicht einfach in einem Sieb durch ein sich ewig veränderndes Meer geschwemmt. Wir selbst sind die Erbauer unseres Eheschiffes, die Autoren unseres gemeinsamen Lebens. Als Autoren schreiben wir unser Drehbuch, wählen die Rollen, die wir spielen, und erfinden unsere eigenen Märchen.

Die Paare aus den Märchen, die ihr auf den folgenden Seiten antrefft, sind nicht alle so liebenswert und engagiert wie die Jumblies. Manche werden auf euch einen fremden, verwirrenden oder gar schockierenden Eindruck machen. Alle haben sie uns aber etwas mitzuteilen. Das Licht, das wir auf ihre Ehen werfen, kann helfen, unsere eigene zu erhellen.

Die Jumblies sind nämlich, wie ein späterer Vers uns berichtet, wirklich sicher von ihrer gefahrvollen Reise heimgekehrt und haben ein »herrliches Wonnefest« gefeiert:

Und sie kehrten zurück nach zwanzig Jahr'n,
nach zwanzig Jahr'n oder mehr:
Und ein jeder rief: »Wie groß ihr seid!« ...

# EINFÜHRUNG ZU DEN »FRAGEN« UND »ÜBUNGEN«

Jedem Kapitel sind zwei Abschnitte mit der Überschrift »Fragen« und »Wahrnehmungsübungen« angeschlossen. Mancher Leser wird diese Abschnitte gern auslassen, zumindest erst einmal, um das Buch weiterzulesen. Andere hingegen möchten vielleicht einen oder beide Abschnitte beim Lesen durcharbeiten. In beiden Fällen ist da kein Zwang. Alles richtet sich nur nach den Bedürfnissen des Lesers.

Die »Fragen« sind für den Alleinlesenden gedacht, der das Gelesene gern noch unmittelbarer mit der eigenen Erfahrung in Verbindung bringen will. Die Fragen sind offen: sie sollen dabei helfen, Erfahrung zu beleuchten und zu klären. Es gibt keine »richtigen« oder »falschen« Antworten. Sie dienen nur der Beschreibung, nicht der Bewertung oder Beurteilung. Sie können in Gegenwart oder Abwesenheit des anderen durchgearbeitet werden. Wenn der andere anwesend ist, und einer von beiden findet, dass er urteilt oder beurteilt wird, dann tauscht einfach eure Wahrnehmungen aus und fahrt fort.

Die »Wahrnehmungsübungen« erfordern die Anwesenheit von beiden. Sie sind für Paare gedacht, die mit sich selbst und anderen mehr Kontakt haben möchten, und die bereit sind, mit neuen Arten von Interaktion zu experimentieren. In unserer Kultur suchen wir gewöhnlich in jeder Lage, in der wir uns nicht wohl fühlen, nach »sofortiger Erleichterung«. Diese Übungen sind weder ein »Zauberheilmittel«, noch ist Wachstum eine Sache des Augenblickes.

Mit Zeit und Übung ist es jedoch möglich, mit uns selbst und andern in Berührung zu kommen, und, was genauso wichtig ist, wahrzunehmen, wie wir es verhindern und einander stören, in Berührung zu kommen.

### Fragen zu Kapitel 1

1.  Bist du deine Beziehung mit großen Hoffnungen einge-
    gangen? Welche davon scheinen nun unrealistisch?

    _____

    _____

    _____

2.  Wenn du einem jungen Paar, das gerade am Anfang steht,
    etwas sagen könntest, was es wissen sollte, was wäre das
    dann?

    _____

    _____

    _____

3.  Gibt es irgendwelche Ängste, die du mit in die Ehe
    brachtest, über die du nun lachen kannst?

    _____

    _____

    _____

## Wahrnehmungsübungen zu Kapitel 1

Lest die Übungen durch. Wenn einer der Partner etwas dagegen hat, die Übungen oder einen Teil der Übungen zu machen, dann sprecht über diese Bedenken. Achtet auf die Qualität der Kommunikation. Geht es ohne Verteidigen oder Beschuldigen?

1. Setzt euch einander gegenüber.
   Berührt einander nicht.
   Schließt die Augen.
   Nehmt euch eine Minute dafür, auf euch selbst zu achten.

2. Nun öffnet die Augen und schaut einander an.
   Sprecht noch nicht.
   Nehmt euch eine Minute nur zum Schauen.
   Während ihr das tut, nehmt wahr, wie ihr euch fühlt.

   **Achtung:** Zu erfahren, was ihr fühlt, heißt nicht, euch oder euren Partner zu interpretieren oder analysieren. Es bedeutet, eure körperlichen Empfindungen wahrzunehmen: die Atmung, Muskelspannung, Körpertemperatur usw.

3. Nun schließt die Augen.
   Wie ist es nun mit geschlossenen Augen?
   Fühlt ihr euch erleichtert?
   Abgeschnitten?
   Friedlich?
   Oder noch anders?

4.  Öffnet nach ein paar Minuten die Augen und nehmt Kontakt auf, indem ihr einander anschaut und mit den Händen berührt!
    Sprecht noch nicht.
    Macht das mindestens zwei Minuten lang.

5.  Schließt die Augen und beendet den Handkontakt.
    Nehmt wieder wahr, wie es euch geht.

6.  Öffnet die Augen und sprecht über diese Erfahrung.
    Was hat euch daran gefallen?
    Was mochtet ihr nicht daran?
    Was hat euch überrascht?

Die folgenden Fragen zum Wahrgenommenen können getrennt beantwortet oder gemeinsam besprochen werden.

### Fragen zum Wahrgenommenen

- Was stand im Weg, dass du deinen Partner nicht wirklich sahst? Hast du, während du hinschautest, bewertet? (Er sollte sich jeden Tag rasieren. Oder, sie müsste sich die Haare waschen.)

- Warst du damit beschäftigt, dich zu sorgen oder dafür zu interessieren, was dein Partner wohl sieht, während er dich anschaut?

- Hast du mit dir selbst geredet?

- Hast du »versucht«, es richtig zu machen?

- Diese und viele andere Aktivitäten unseres Geistes können uns im Weg stehen, wenn wir aufnehmen und erfahren wollen.

- Konntest du die Hände des anderen fühlen? Woher weißt du, wann deine Hände in Kontakt sind? Druck? Temperatur? Anderes?

- Hast du, als ihr über eure Erfahrung spracht, deine Mitteilungen zensiert? Aus welchem Grund? Hast du befürchtet, albern zu klingen? Hast du befürchtet, die Gefühle deines Partners zu verletzen?

- Um aus solchen Übungen zu lernen, braucht es Zeit. Ich schlage vor, dass ihr euch jeden Tag einige Minuten nehmt, um sie zu machen.

## 2. DER MENSCHENFRESSER
## UND SEINE FRAU

Hans der Riesentöter ist jedem Kind wohlbekannt. Auf den Markt geschickt, um eine Kuh zu verkaufen, den letzten Besitz seiner Mutter, macht er dem Anschein nach einen schlechten Tausch; er verschleudert die Kuh für eine Handvoll farbenprächtiger Bohnen. Seine Mutter ist, wie ihr euch wohl denken könnt, von den Bohnen nicht so erbaut wie Hans. Sie schilt Hans für seine Dummheit und wirft die Bohnen ärgerlich aus dem Fenster. Über Nacht aber wachsen die so missachteten Bohnen wie verzaubert.

Die Bohnenstaude wuchs ganz dicht hinter Hans' Fenster hoch; so brauchte er es nur zu öffnen und sich auf die Staude zu schwingen, die wie eine große Leiter hinaufführte. So kletterte Hans, und er kletterte und kletterte und kletterte und kletterte und kletterte und kletterte so lange, bis er schließlich in den Himmel kam. Als er dort ankam, fand er eine lange, breite Straße, so gerade wie ein Pfeil. Da wanderte er entlang und wanderte und wanderte, bis er an ein riesengroßes, hohes Haus kam, und auf der Schwelle stand eine riesengroße Frau.
»Guten Morgen, Mutter«, sagte Hans ausgesprochen höflich. »Könnten Sie mir bitte etwas zum Frühstück geben?«
Er hatte nämlich, wie ihr wisst, am Abend zuvor nichts gegessen und war hungrig wie ein Wolf.
»Du möchtest wirklich Frühstück?«, sagte die riesengroße, dicke Frau. »Wenn du dich nicht davonmachst, wirst du selber zum Frühstück. Mein Mann ist ein Menschenfresser und er liebt nichts mehr als gebratene

Jungen auf Toast. Du verschwindest besser, oder er wird bald kommen.«

»Ach, bitte, Mutter, gebt mir doch etwas zu essen, Mutter. Ich habe seit gestern morgen nichts gegessen, ich schwör's Ihnen, Mutter«, sagte Hans. »Es ist gleich, ob ich gebraten werde oder Hungers sterbe.«

Nun gut, so übel war die Frau des Menschenfressers nun auch wieder nicht. Sie nahm Hans mit in die Küche und gab ihm ein Riesenstück Brot mit Käse und einen Krug Milch. Kaum war Hans damit halb fertig, als das ganze Haus Bumm! Bumm! Bumm! vom Lärm eines Ankömmlings erzitterte.

»Du lieber Himmel! Das ist mein Alter«, sagte die Frau des Menschenfressers. »Um alles in der Welt, was tu ich bloß? Komm schnell, spring hier rein.« Und sie stopfte Hans in den Ofen, just als der Menschenfresser hereinkam.

Das war vielleicht ein Riese! Drei Kälber hatte er mit den Hufen an den Gürtel gebunden, machte sie los, warf sie auf den Tisch und sagte: »Da, Frau, brat mir ein paar davon zum Frühstück. Oh, was rieche ich denn da? Ha-ho-he-heisch
das riecht mir doch nach Menschenfleisch,
sei er lebendig oder auch tot,
die Knochen knirschen so gut auf Brot.«

»Nichts da, mein Lieber, du träumst«, sagte seine Frau. »Oder vielleicht riechst du noch die Reste des kleinen Jungen, der dir gestern zum Abendbrot so gut schmeckte. Nun wasch dich erst mal und mach dich zurecht, und wenn du dann soweit bist, ist dein Frühstück fertig.«

Der Riese machte sich auf, und Hans wollte gerade aus dem Ofen springen und davonrennen, als die Frau ihn zurückhielt. »Warte, bis er schläft«, sagte sie, »nach dem Frühstück macht er immer ein Nickerchen.«

Nun gut, der Menschenfresser frühstückte, ging dann

an eine große Kiste und holte einige Säcke Gold heraus, setzte sich damit nieder und begann zu zählen, bis ihm schließlich der Kopf herunterfiel und er zu schnarchen anfing, bis das Haus von neuem wackelte.
Auf Zehenspitzen kroch Hans nun aus dem Ofen, nahm, als er an dem Menschenfresser vorbeikam, einen der Goldsäcke unter den Arm, stürzte davon, bis er zur Bohnenstaude kam, wo er dann den Goldsack hinunterwarf, der natürlich in Mutters Garten fiel, dann kletterte er hinunter, und kletterte, bis er schließlich nach Hause kam...

Ein zweites Mal noch schleicht sich Hans in des Riesen Haus und macht sich mit einem Huhn davon, das goldene Eier legt. Bei seinem dritten Ausflug in das Land über den Wolken erwischt Hans die goldene Harfe des Riesen, es kostet ihm allerdings fast das Leben. Als er in einem günstigen Augenblick zurück zur Bohnenstaude eilt, ist der Riese ihm nah auf den Fersen. Wie der Blitz rutscht Hans die Bohnenstaude hinunter in Mutters Garten und hackt mit einer Axt die Staude mitsamt dem Riesen und allem übrigen um. So hat Hans sich erlöst; er und seine Mutter brauchen nie mehr Not zu leiden.

Für Kinder sind die Abenteuer von Hans aufregend zu lesen; doch ist da nicht noch eine weitere, dahinterliegende Geschichte, die uns Erwachsenen etwas zu sagen hat? Wie steht es denn mit dem Menschenfresser und seiner Frau?

In diesem Märchen ist der Menschenfresser ein tyrannischer Ehemann. Er hat die Hosen an, oder jedenfalls scheint es so. Er macht nicht viele Worte, und wenn er spricht, brüllt er entweder seine Befehle: »Frau, brat mir ein paar davon zum Frühstück«, oder er stößt seine Drohungen aus: »Ha-ho-he-heisch ...« Mit seiner enormen Körperfülle und der dröhnenden Stimme macht er sich überall breit. Er ist hingegen, wie alle Maulhelden, im Innersten doch ein Kind. Er hat sogar sein eigenes Spielzeug. Nach dem Frühstück holt er sein Gold hervor, um es zu zählen; er beschwatzt seine Henne, goldene Eier zu legen und bringt die Harfe zum Singen. Das sind seine Spielsachen. Dieser Riesenmaulheld hat mehr Muskeln als Köpfchen.

Seine Frau weiß das; da liegt ihr Schlüssel zum Umgang mit ihm. Seine Prachtsgröße und seine Drohungen mögen sie zwar schrecken, doch sie weiß, dass er dahinter ein kleiner Junge ist. Genau wie ein Kind ist auch er leicht zu täuschen; als er »Menschenfleisch« riecht, wird er von ihren ruhigen Worten schnell besänftigt. Sie ist vor seinen Launen auf der Hut und aufmerksam gegenüber seinen Forderungen. Entschlossen, um jeden Preis den Frieden in der Familie zu erhalten, spielt sie pflichtbewusst die untergebene Frau und vermeidet so eine direkte Konfrontation.

Ihre wirkliche Macht hingegen ist die eines Saboteurs. Sie schmuggelt Hans ins Haus, gibt ihm zu essen und schützt ihn und leugnet dann glatt, dass er da ist. Mit der Art, wie sie mit dem Menschenfresser spricht, hintergeht sie ihn sogar noch spitzfindiger: sie spricht nicht wie eine Frau zu ihrem Mann, sondern mehr wie eine Mutter zu ihrem Kind. Ihr letzter Sabotageakt geschieht aber, als der Menschenfresser zum Waschen geht. Obwohl Hans da die Möglichkeit zur Flucht ergreifen könnte, besteht Frau Menschenfresser darauf, dass er im Ofen bleibt. Von diesem günstigen Fleck aus kann er das Gold des Menschenfressers entdecken, das natürlich bald darauf Hans' eigenes Gold wird. Ob beabsichtigt oder nicht, die Frau des Menschenfressers ist die Komplizin von Hans und in erheblichem Maße für den Absturz ihres Mannes verantwortlich.

So sind die Leute, die da oben leben! Wirklich ein schönes Paar! Bei flüchtigem Blick sehen wir einen dominierenden Mann [*top-dog*] und eine ergebene Frau [*under-dog*]. Wenn er nach seiner Mahlzeit verlangt, bereitet sie sie zu. Wenn er ha-ho-he-heischt, versichert sie ihm, dass alles in Ordnung ist: »Nichts da, Liebling, du träumst.« Wir können uns sogar den Klang ihrer Stimme vorstellen, geheuchelt einfühlsam, warm und mütterlich. »Nun wasch dich erst mal und mach dich zurecht.«

Welche Auswirkungen hat das aber auf ihren Mann? Sicherlich wird er vorübergehend friedlich, doch irgendwie wird er auch klein gehalten. Über einen längeren Zeitraum gesehen wird diese Taktik ihn aber chronisch frustrieren und verwirren. Was passiert denn da? Er wird sich bestimmt wundern? Er weiß, dass er Menschenfleisch riecht. Er ha-ho-he-heischt durchs Haus. Seine Wut nimmt zu. Doch jedesmal lullt seine Frau ihn ein: »Nichts da, Liebling, du träumst.« Sie ignoriert seine Erfahrung und sein Gefühl bezüglich der eigenen Erfahrung gründlich. So nimmt sie ihm den Wind aus den Segeln; er ist entwaffnet. Schließlich mag er zu sich selbst sagen: »Vermutlich hat sie recht. Ich rieche kein Menschenfleisch.« Entweder ist er also ein prahlender Maulheld oder ein friedliches Kind, niemals sehen wir ihn aber seiner Frau wirklich ebenbürtig.

Man kann der Frustration und Verwirrung des Riesen leicht auf den Grund gehen. Wenn sie ihn nicht beruhigt, bemüht sich seine Frau offensichtlich, seine ewigen Bitten zu erfüllen. Ungeachtet dessen bleibt bei ihm immer ein vages, verdrießliches Gefühl zurück, dass sie nie richtig bei ihm ist, dass sie ihn nicht unterstützt, sondern eher eine Art Stellungskrieg führt, der nie offen erklärt und niemals ausgetragen oder beendet wird.

Als weitere Frustration kommt für den Menschenfresser noch hinzu, dass seine Frau allem Anschein nach ohne Fehl und Tadel ist. Wir wissen natürlich, dass sie die Verantwortung dafür trägt, dass sie Hans ins Haus lässt, ihm zu Essen gibt und ihn vor dem Menschenfresser beschützt, aber (ein »under-dog« hat immer ein »Aber«) es ist sicher eine gute, freundliche und edle Tat, sich um den Jungen zu kümmern. Wie kann sie also, heißt es in dem verwirrten Kopf des Menschenfressers, dafür kritisiert werden? Und wenn die Frau so gut, freundlich und edel ist, dann ist er ganz sicher ein Menschenfresser, wenn er ihre Tugenden nicht anerkennt. So ist die nagende Verwirrung Wasser auf die Mühle seines tyrannischen Verhaltens. Sein Verdruss nimmt noch zu; das ist, wie die chinesischen Wasserqualen, zermürbend für ihn. Mit dieser Situation kann er nicht umgehen. Er könnte zu seiner Frau sagen: »Schau mal, du verwirrst mich.« Das wäre eine Möglichkeit, es in den Griff zu bekommen; aufgrund seiner mangelnden Bewusstheit kommt er aber nicht darauf. So nimmt seine Verwirrung zu, und er platzt. Und wenn er platzt, beruhigt sie ihn.

Frau Menschenfresser leidet unterdessen an ihrer ganz eigenen Frustration. Ihr Märtyrerdasein bringt ihr wenig Befriedigung. Gelangweilt und unerfüllt häuft sie ihre Ressentiments an. Er hat schuld, dass sie den jungen Mann hinter seinem Rücken einschmuggeln muss. Wäre er nicht so ein unvernünftiger Menschenfresser, könnte sie Hans ganz offen einladen, und es gäbe gar keine Probleme. Sie könnten sogar gemeinsam Freude an dem Gast haben! Das, was sie eben nicht tut, ist, einen eigenen Standpunkt einnehmen und zu sich selbst stehen. Sie verbraucht ihre ganze Energie dabei, ihrem Mann entweder seine Forderungen zu verübeln oder sie dienerisch zu erfüllen, indem sie sich gegen seine üblen Angriffe verteidigt oder ihm zu Gefallen ist.

Beide Rollen haben nur ein begrenztes Repertoire. Genauso wie Schauspieler, die dieselbe Szene wieder und wieder durchspielen, kennen auch sie unbewusst jede Zeile und Geste. Sie spielen ihre Rolle bis zur Perfektion, wobei sie auf die gegenseitigen Muster von Manipulation und Kontrolle festgelegt sind, die voraussagbar, konstant und unveränderbar sind. Glaubt ihr, dies sei das erste Mal, dass die Frau des Menschenfressers ihn, als er lärmend ins Haus kam, mit »Nichts da, Liebling« beruhigt hat? Es wird auch nicht das letzte Mal sein. Wenn Hans zurückkommt, wiederholt sich die Szene. Wiederholungen bringen aber keine Überraschungen und nur wenig Freude mit sich; sie sind in der Tat langweilig. Der Menschenfresser und seine Frau wissen immer, was sie zu erwarten haben. Sie verlassen sich, wie so viele Paare, auf die gewohnte, starre, vorprogrammierte Art und Weise, wie sie ihre Zeit miteinander verbringen.

Was bringt es denn dem Bohnenstaudenpaar, oder dir und mir, wenn wir so bleiben, wie wir sind? Was haben wir von den gegenseitigen Verträgen und Kontrollen? Wie auch immer unsere reziproken Muster sein mögen, auf vertrautem Boden geben sie uns Sicherheit. Genauer gesagt, wenn heute genauso ist wie gestern und auch wie morgen, dann brauchen wir uns nicht zu verausgaben. Alles, was erforderlich ist, ist das faule Einschalten des Autopiloten. Jede Situation, die dann entsteht, ist Terrain, das man schon begangen hat.

Solange die Frau des Menschenfressers seine Forderungen offenbar erfüllt, wird das Leben in der alten Routine weiterlaufen. Der Menschenfresser wird nur undeutlich seine Frustration erfahren, häufig vor Wut platzen, erwarten, dass man seinen Wünschen entgegenkommt, und in der vertrauten, oft erprobten Weise fortfahren, die er so gut kennt. Seine Frau wird für sich und ihren Mann weiter beruhigende Worte finden. Sie wird ihrem trüben Dasein etwas Aufregung beimischen, indem sie entweder zulässt oder dafür sorgt, dass handhabbare, explosive Situationen entstehen, für die sie dann keine Verantwortung übernimmt. In ihrer guten, halb märtyrerhaften Rolle, in der sie immer im Recht ist, wird sie weiterhin sicher bleiben. Auch du und ich haben, genau wie der Menschenfresser, die Tendenz, bei dem zu bleiben, was wir kennen. Das Unerwartete lässt uns zittern, das Vertraute erscheint sicher. Und Sicherheit ist für uns etwas sehr Kostbares. Weil hinter der Sicherheit nämlich die Angst steht.

Und wir haben ja so viel Angst. Obwohl wir unsere Ängste vor uns und unserem Partner gut versteckt halten, haben sie einen mächtigen Einfluss auf unsere Beziehung. Es sind unsere Ängste, unsere leichte Panik beim Gedanken daran, auf etwas bedrohliches Unbekanntes zu stoßen – die uns verzweifelt an das klammern lassen, was wir kennen – die Manipulationsspielchen und Kontrollen. Es ist unser intensiver Wunsch, mit zumindest einem Menschen intim und in positiver, bedeutsamer Weise verbunden zu sein. Und doch sind wir gleichzeitig voller Angst, dabei etwas von uns selbst zu verlieren. So groß unsere Sehnsucht, unsere innerste Einsamkeit loszuwerden, auch sein mag, so verletzlich und ausgesetzt fühlen wir uns, wenn wir uns jemandem öffnen.

Wie der Menschenfresser und seine Frau entscheiden wir uns für Partnerrollen, die uns aneinanderbinden, doch in einer Art binden, die uns leer lässt, mit dem Wunsch nach mehr. Wir halten unseren Gefährten gut fest, bleiben aber gleichzeitig verborgen und getrennt, ohne Kontakt miteinander. So halten wir ein gefährliches Gleichgewicht aufrecht, wie ein Seiltänzer, indem wir uns einerseits an der eigenen Persönlichkeit und Individualität festhalten und andererseits mit einem anderen Menschen verbunden sind.

Durch unsere Spiele bleiben wir sowohl für das eigene Wesen wie für das unseres Partners unzugänglich. Die Gewohnheit, sich hinter der eigenen Rolle zu verstecken, macht sich breit. Wir glauben, wenn wir uns öffnen, so bedeutet das Verletzung, Selbstaufgabe und Verlust von Vorteilen gegenüber unserem Partner. Das führt zur bedauerlichsten und absurdesten Fantasie: wir stellen uns nämlich vor, dass jemand uns, wenn er uns wirklich kennte, unvollkommen finden würde. In welch einem Dilemma wir uns doch da befinden! Wie der

Menschenfresser und seine Frau sind wir in vorgefahrenen Geleisen gefangen.

Gibt es da einen Ausweg? Und wollen wir wirklich davon loskommen? Können wir denn unsere Sicherheit aufgeben, vertrautes Terrain verlassen, überkommene Regeln aufgeben und uns mit unserem Partner in ein Abenteuer begeben? Nicht nur der Menschenfresser und seine Frau, sondern auch wir haben Gewohnheiten entwickelt, die uns lange Zeit dienlich waren. Alte Muster zu verlassen ist harte Arbeit und ein langer, schwieriger und oft aufregender Kampf. Es ist so ähnlich wie Erwachsenwerden, und das ist in keinem Alter einfach.

Der erste Schritt, eine Beziehung zu verändern, besteht darin, Bewusstheit darüber zu erlangen, dass manches nicht stimmt. Der Menschenfresser und seine Frau kommen niemals an diesen Punkt. Sie ergreifen nie die Gelegenheit, einander zu sagen, wie sie sich selbst, ihre Ehe und einander empfinden. Wir wissen nun, dass es schon etwas ausmacht, wie wir uns fühlen, und dass es wichtig ist, über das, was in uns vorgeht, zu reden. Es ist auch wichtig, unseren Partner zu kennen. Wie einsam und traurig ist es doch, nach zwanzig Jahren unseren Ehepartner anzuschauen und zu denken: »Ich weiß gar nichts über diesen Menschen.« Die Ehe ist kein Pokerspiel, das mit einem verstellten, unbeweglichen Gesicht gespielt wird. Kann man seinen Partner denn ehrlich lieben und mögen, wenn man ihn nicht kennt? Oder kann man sein Leben bereichern, wenn man keinen Kontakt herstellen kann, wenn man nicht weiß, wer er ist und was sich auf seiner inneren Bühne abspielt? Da wir keine Roboter sind – fixiert und ohne Abweichungen –, sondern vielmehr fühlende, handelnde und reagierende Menschen, ist es unerlässlich, dass wir miteinander in Berührung bleiben, dass wir hinschauen und sehen, zuhören und hören.

Die Hauptsache ist, dass wir darauf achten, was mit uns und unserem Partner geschieht. Das klingt einfach, aber tatsächlich ist es eine schwierige Angelegenheit, da wir die Tendenz haben, das zu sehen und zu hören, was wir gerne möchten und nicht das, was wirklich geschieht. Wenn es darum geht, mit den eigenen Machtspielen und Manipulationen in Berührung zu kommen, finden wir das ohne die Hilfe eines anderen fast unmöglich. Wenn der andere aber unser Partner sein sollte, sind wir vermutlich nicht aufnahmebereit. Wir fühlen uns angeklagt und möchten uns verteidigen. Und da die Interaktion bei Paaren kompliziert ist, ist der Partner oft genauso verwirrt wie wir selbst.

Was da alles passiert! Nehmen wir zum Beispiel das weibliche Ultimatum: »Wenn du mich verlässt, bringe ich mich um.« Als erstes ist da der Kontext, aus dem heraus das gesagt wird. Stellen wir uns vor, ein Mann packt seinen Koffer, im Gesicht den Mut der Entschlossenheit, und wir hören im Schlafzimmer noch das Echo wütenden Schreiens. Als zweites dann die Worte selbst. Und drittens die Emotionen, mit denen die Worte ausgesprochen wurden. Viertens kommt die Vorgeschichte dieser beiden Menschen hinzu, sowohl die gemeinsame als auch die jeweils eigene, das, was sie übereinander wissen und was sie vermuten. Kompliziert? Da ist wohl kein Zweifel. Und die Reaktion des Mannes zeigt, was er hört, was er sieht, was er fühlt, was er weiß und was er sich vorstellt. Da ist kaum eine Chance, dass er seiner Frau im selben Moment sagen kann, dass sie ihn offen, mit Macht und vielleicht sogar nachhaltig manipuliert, und noch weniger Chance, dass sie das auch hört. Und auch die Frau sieht sich in ihrer tiefen Angst, verlassen zu werden, nicht in der Lage, ihrem Mann mitzuteilen, dass sie sein Weggehen als Manipulation empfindet.

Wir möchten gern aufmerksam sein und in Berührung bleiben, doch wohin schauen wir denn? Auf welcher Ebene hören wir zu? In einem Zirkus mit drei Manegen ist es klar, dass einem manches entgeht. Es ist unmöglich, überall gleichzeitig aufzupassen. Genauso ist es auch bei Paaren. Wenn wir bei unserem Versuch, die Verbindung aufrechtzuerhalten, mit unserem Partner nur auf der Ebene des Streits, des Geschreis und der Drohung bleiben, dann entgeht uns das, was wirklich geschieht. Hören wir einmal darauf, was die Frau in unserem Beispiel wohl sagen könnte, falls sie auf einer anderen Ebene sprechen würde, oder was ihr Mann hören würde, falls er auf das lauschen würde, was hinter ihren aktuellen Worten steckt: »Ich habe solche Angst, wenn du drohst wegzugehen. Ich würde alles tun, damit du bleibst. Ich werde dich erpressen, damit du bleibst.« Sie könnte auch sagen:»Alle, die ich jemals geliebt habe, haben mich verlassen, und bei dir wusste ich es auch. Wenn du weggehst, weiß ich, dass ich zu nichts gut bin. Mir bleibt dann nichts mehr. Das ist dann deine Schuld. Ich habe keine Wahl mehr und fürchte mich so.« Hier nähern wir uns dem wirklichen Geschehen. Die Frau offenbart ihrem Mann, wie sie sich fühlt. Und da passiert noch etwas anderes. Sie gesteht sich das, was in ihr vorgeht, selbst ein, indem sie die eigenen Gefühle zulässt. In dem Moment ist sie voller Aufmerksamkeit. Das ist der zweite Schritt, der notwendig ist, um die eingefahrenen Gleise der Manipulation und Machtkämpfe zu verlassen. Zuerst werden wir gewahr, dass nicht alles in Ordnung ist; wir ziehen den Kopf aus dem Sand. Dann achten wir darauf, was wir tun und wie wir es tun: was wir erleben und wie wir es ausdrücken können.

Genau in dem Moment, wo wir auf das achten, was ist, ändert sich dieses Ist schon. Das mag ein wenig wie Märchenzauber klingen, ist es aber nicht. Wachstum und Veränderung passieren nicht auf magische Weise oder mit »es war einmal«. Sie sind das Ergebnis des Lebensprozesses, der fortlaufenden Erfahrung. Die Anerkennung dessen, was wir tun, und die Bewusstheit der eigenen Gefühle und Handlungen heben den Vorhang für die nächste Szene, wo wir dann neu wählen können.

Gerade an Wahlmöglichkeiten fehlt es nämlich dem Menschenfresser und seiner Frau. Sie laufen in ihren eingefahrenen Geleisen und haben weder den Willen noch die Vorstellungskraft, da herauszukommen. Unerwartet kommt nun Hans auf die Bühne dieser tief eingefleischten Gewohnheiten. Wie ein Kind, das neu in eine Familie kommt, wird er unmittelbar in die Beziehung des Paares hineingezogen. Die Frau benutzt ihn, um etwas Aufregung in ihr Leben zu bringen und um an ihren Mann heranzukommen. Der Mann benutzt ihn, um seinem Ärger und seiner Frustration Luft zu machen.

Als die Frau des Menschenfressers einwilligt, Hans ein Essen und ihren Schutz anzubieten, tut sie so, als habe sie keine Wahl. Tatsächlich hat sie aber viele Alternativen. Da sie ja viel größer ist als er und sich von ihm nicht bedroht fühlen muss, könnte sie entscheiden, ihm nichts zu essen zu geben. Oder sie könnte ihn einladen, bewirten und dann braten, wie sie es, um ihrem Mann eine Freude zu machen, schon mit anderen getan hat. Und sie könnte, im Gegensatz dazu, sich behaupten und das Recht in Anspruch nehmen, das zu tun, was sie möchte, ohne Drohungen und neue Klagen von seiten ihres Mannes. Statt dessen zieht sie sich wie ein Roboter auf ihren heimtückischen Widerstand zurück. Erst bewirtet sie den jungen Mann; dann schlägt sie ihm, was die Lage noch schlimmer macht, vor, sich im Ofen zu verstecken. Aus diesem Versteck heraus kann Hans sehen, wie der Menschenfresser sein Gold zählt und wie er in Schlaf fällt, worauf er dann den vollen Nutzen aus der Situation ziehen kann. So spult der Plan, ihren Mann zu sabotieren, ganz von selbst ab, und sie hat das hervorragend eingefädelt. Der Menschenfresser wird ihr Opfer. Sie hingegen bleibt ohne Tadel, übernimmt für ihr Tun keinerlei Verantwortung und entgeht auch noch der direkten Wut ihres Mannes.

Gibt es Alternativen sowohl für den Menschenfresser als auch für seine Frau? Es gibt *immer* Alternativen, wenn wir die alten Rollen erst einmal zu verlassen wagen.

**Der Menschenfresser könnte zum Beispiel seine Frau, wenn er zur Tür hereinkommt, anschauen:**
**»Nun, Frau, du siehst heute morgen aber gut aus, wirst du mit mir frühstücken?«**

Oder er könnte sie sogar beim Namen rufen:

**»Mathilde, nimm dich in acht, ich bin heute auf dem Kriegspfad, komm mir nicht ins Gehege.« Oder: »Was ist denn hier los? Da riech ich doch was und möchte meinen, da ist Menschenfleisch!«**

Und wenn sie seinen Verdacht dann nicht beachtet und ihn zum Waschen schickt:

**»Frau, wenn ich sage, dass ich etwas rieche und du mir sagst, das sei Unsinn, dann machst du mich mächtig wütend.«**

Was dann wiederum eine völlig neue Reaktion hervorrufen könnte:

»Nun, ich habe wirklich eine Überraschung für dich.
Schau doch mal in den Ofen.«

Ihr seht, auf einmal gibt es viele Möglichkeiten. Wenn der Held oder
die Heldin sich verändert, kann kein Drehbuch beim alten bleiben.

Offenheit und gegenseitiger Austausch sind keine Garantie für
eine sofortige Lösung aller Konflikte, noch sind sie eine Lösung aller
Probleme. Sie sind aber der unvermeidliche Anfang. Was zwischen
zwei Menschen wichtig ist, ist der Prozess: der Prozess im Gespräch,
in der Kommunikation, der Ausdruck guten Willens und der Zuneigung. Wenn ein Paar die Vereinbarung trifft, das, was zwischen
ihnen vorgeht, anzuschauen und hinzuhören, sich selbst und den
Partner zu erfahren und bewusst wahrzunehmen, dann hat dieser
Prozess begonnen.

**Fragen zu Kapitel 2**

1. Erinnern dich der Menschenfresser und seine Frau an jemanden, den du kennst?

   _____

   _____

2. Kommt es manchmal vor, dass du so bist wie der Menschenfresser? Oder wie seine Frau?

   _____

3. Gibt es in deiner Beziehung auch Sabotage?

   _____

   _____

4. Hast du beim Lesen des Kapitels Partei bezogen? Was sagt dir das über dich selbst? Kannst du dir vorstellen, einmal die andere Seite einzunehmen? Hast du der anderen Seite etwas zu sagen?

   _____

   _____

## Wahrnehmungsübungen zu Kapitel 2

Lest die Übungen durch. Besprecht miteinander, wie ihr dazu eingestellt seid. Achtet darauf, ob ihr bei der Besprechung euch oder den anderen beurteilt. Meint ihr, die eine Einstellung sei »besser« als eine andere? Stehen eure Urteile euch im Weg, wenn es darum geht, einander zuzuhören? Vermeidet ihr Anklage und Verteidigung?

Bei dieser Übung werdet ihr euch abwechseln. Entscheidet jetzt, wer anfängt. Setzt euch einander gegenüber. Berührt einander nicht.

● Nr. 1 wird zwei kurze Aussagen machen. Nr. 2 wird lediglich zuhören. Eine Antwort ist nicht erforderlich.

1. Nr. 1 wird Nr. 2 etwas mitteilen, **was er sieht,** wenn er Nr. 2 anschaut: »Ich sehe…« und einen Satz daraus machen.
   Zum Beispiel: Ich sehe, dass du mich anschaust. Oder, ich sehe deinen offenen Mund. Oder, ich sehe, dass du nach unten schaust.

2. Dann wird Nr. 1 sagen, **was er sich vorstellt,** wenn er Nr. 2 anschaut: »Ich stelle mir vor…«
   Zum Beispiel: Ich stelle mir vor, du bist neugierig. Oder, ich stelle mir vor, du langweilst dich. Oder, ich stelle mir vor, du bist traurig.

● Jetzt kommt Nr. 2 dran und macht zwei kurze Aussagen. Die erste fängt mit »Ich sehe …« und die zweite mit »Ich stelle mir vor …« an.

Jeder kommt mehrfach dran.

Nun sprecht über die Erfahrung.
- Wie war das für euch?
- Was empfindet ihr jetzt?
- Was hat euch überrascht?

Macht die Übung jetzt noch einmal. Derjenige, der zuvor als zweiter drankam, fängt jetzt an. Fügt jetzt einen **dritten** Satz an. Nach »Ich sehe …« und »Ich stelle mir vor …« kommt noch »Ich bin …« Zum Beispiel: Ich bin belustigt. Oder, ich bin ernst. Oder, ich bin aufgeregt. Dabei reagiert derjenige, der die Übung macht, auf das, was er sieht oder sich vorstellt. Jeder kommt mehrmals dran. Nun sprecht wieder über eure Erfahrung.

### Fragen zum Wahrgenommenen

● Wie habt ihr entschieden, wer anfängt? Ist das typisch für eure Art, Entscheidungen zu fällen? Macht ihr Vorwürfe oder verteidigt ihr euch, während ihr das jetzt besprecht? Könnt ihr diskutieren, ohne Vorwürfe zu machen oder euch zu verteidigen?

● Hattet ihr, als ihr über eure Erfahrung spracht, genug Zeit, euch auszudrücken? Hattet ihr den Eindruck, dass euer Partner euch zuhörte und euch verstand?

● Hättet ihr gern, dass euer Partner mehr reden würde? Oder weniger? Was hättet ihr davon?

● Habt ihr während der Übung bewertet, wie gut ihr und/oder euer Partner es macht?

● Beurteilen, Bewerten und Vergleichen sind alles Dinge, die euch beim Wahrnehmen, Erfahren und Miteinander-Kommunizieren im Weg stehen.

## 3. TITTY MAUS UND TATTY MAUS

Titty Maus lebte in einem Haus und Tatty Maus lebte in einem Haus. Sie lebten also beide in einem Haus.
Titty Maus aß Haferbrei zum Frühstück und Tatty Maus aß Haferbrei zum Frühstück. Sie aßen also beide Haferbrei zum Frühstück. Titty Maus ging auf den Markt und Tatty Maus ging auf den Markt. Sie gingen also beide auf den Markt.
Titty Maus pflanzte Mais und Tatty Maus pflanzte Mais. Sie pflanzten also beide Mais.

Wie langweilig! Welch grässliche Eintönigkeit! In dieser faden Ehe gibt es keine Lebendigkeit, keine Kraft und kein Gefühl. Zwei beziehungslose Wesen, die aneinander gebunden sind und nebeneinander her leben. Sie werden wohl kaum Streit haben, aber auch wohl wenig miteinander lachen.

Es mag sein, dass Titty Maus und Tatty Maus nicht von Anfang an einer der Abklatsch des anderen war. Sogar bei Mäusen gibt es Unterschiede: Es gibt die Stadtmaus und die Feldmaus, die schüchterne Maus und die waghalsige Maus, die Stubenhockermaus und die Maus, die etwas von der Welt sehen will.

Tatsächlich sind es häufig gerade die Unterschiedlichkeiten, welche die Anziehung bei einem Paar bewirken. Wenn du ein Plus bei mir auf ein Minus setzen kannst, dann bist du der Richtige für mich. Meine Leere verlangt nach deiner Fülle. Auf welche Weise wir unterschiedlich sind, mag nicht einmal so offensichtlich sein; bei der Wahl unseres Gefährten scheinen wir aber einen sechsten Sinn dafür zu haben, die Qualitäten oder Einstellungen aufzuspüren, die zu den eigenen in Kontrast stehen. Nehmen wir Bert, der sich am liebsten in seiner Werkstatt verkriecht; er heiratet Gladys, die ein absoluter

Wirbelwind an Aktivität ist. Tom läuft, sooft er nur kann, seinen Marathon, während seine Frau Susanne mit einem Kochbuch und einer Tafel Schokolade in der Hängematte liegt. Florence lächelt sich tapfer durchs Leben und schluckt alle Ressentiments hinunter; ihr Partner ist Richard, der wie ein Vulkan regelmäßig vor Wut platzt. Alle haben sie jemanden gefunden, der etwas hat, was sie selbst nicht haben. So können die Unterschiedlichkeiten, das merkt jeder von uns in seinen Beziehungen, Interesse und Aufregung wachrufen.

Eine Verbindung, die für Unterschiedlichkeiten Platz hat, pulsiert voller Aufregung und Lebendigkeit, die in der Ehe von Titty Maus und Tatty Maus so bedauerlich fehlen. Das Ergebnis kann lebensspendende Spannung sein. Das Wort Spannung hat für manche von uns einen schlechten Beigeschmack; wir meinen, das sei etwas, was wir nicht wollen, ein unliebsamer Zustand, das Gegenteil von Vergnügen. Genau wie bei einem Kunstwerk ist Spannung aber auch in der Ehe notwendig; wo sie fehlt, wird eine Partnerschaft träge und fad. Die Anwesenheit eines anderen Menschen, eines eigenen Individuums, mit dem wir etwas tun, uns mitteilen und lernen können, bringt uns Abwechslung und Energie.

Ein weiterer Anreiz liegt im Vergnügen zu entdecken, dass wir jemanden geheiratet haben, dessen Talente sich zu unseren Unzulänglichkeiten fügen: jemand, der besonders gern für Gäste kocht oder die Einkommensteuererklärung aus dem Ärmel schüttelt oder das Haus mit schöner Musik füllt. So wie Jack Sprat*) und seine Frau kann man gemeinsam die Speiseplatte ablecken. Nicht einmal Bert will sich in seiner Werkstatt völlig von der Welt zurückziehen; und doch würde das passieren, wenn Gladys nicht die Verbindung mit der Familie und den Freunden aufrecht erhielte. Und Tom genießt, wenn er von seinem Marathonlauf heimkommt und sich nach der Dusche ausruht, Susannes neueste gastronomische Erfindung. Gegenseitige Abhängigkeit gibt dem Leben Fülle. Jeder Partner trägt zum Gesamtbild mit bei; keiner von beiden muss überall vollkommen sein.

---

*) »Jack Sprat vertrug kein Fett, sein Weib vertrug's nicht mager, so leckten sie, wie ihr hier seht, die leere Speiseplatte.«

So können die Unterschiede in Interessen und Fähigkeiten eine unvorhergesehene Bereicherung sein; es gibt aber, wie wir alle früher oder später entdecken, noch andere Unterschiede – in der Einstellung, den Gewohnheiten und im eigenen Ausdruck –, die Unannehmlichkeiten bereiten können.

Ein Paar, das ein gemeinsames Leben beginnt, wird sich der weniger offensichtlichen gegenseitigen Unterschiede kaum bewusst sein, derjenigen nämlich, die sich nicht unmittelbar zeigen oder die im ersten Liebesrausch vorübergehend verborgen bleiben. Sie kommen durch die Nähe und die Zeit an die Oberfläche und werden dann deutlich. Nehmen wir den Fall von Bob und Jane. Sie gingen wie zwei Menschen in die Ehe, die sich gemütlich einander gegenüber auf einer Wippe niedergelassen hatten. Schon nach einiger Zeit waren sie dabei, sich über etwas zu streiten, von dem sie glaubten, einer Meinung gewesen zu sein: wie oft sollten sie ihre Eltern sehen? Bob wollte immer weniger mit ihnen zu tun haben. »Lassen wir den Besuch doch dies Wochenende ausfallen.«

Als er sich so von der Wippenmitte entfernte, reagierte Jane mit Widerstand. Als Bob dann hart wurde, begann sie sich in die andere Richtung zu bewegen und forderte mehr Kontakt mit den Eltern. Die Verständigung wurde schwierig, wenn nicht gar unmöglich, da jeder darum kämpfte, den anderen zu überzeugen, etwas nachzugeben. Keiner war aber dazu bereit. Der Abstand zwischen ihnen vergrößerte sich; beide hatten die Tendenz, sich einzugraben und die Stellung zu halten. Sie fanden sich schließlich am entgegengesetzten Ende. Wenn sich die Partner schließlich am entgegengesetzten Ende befinden, geben sie den Versuch, einander zu erreichen, leicht auf; sie bilden dann kleinlaut eine Titty-Maus-Tatty-Maus-Union.

In einer Beziehung wird genau dieses Muster in vieler Hinsicht wiederholt. Hier einige Beispiele, denen ihr vielleicht schon begegnet seid. Wenn Joan mit den Kindern strenger wird, wird Don nachgiebiger, was wiederum bewirkt, dass Joan noch nachdrücklicher ihren Standpunkt vertritt. In einem anderen Fall übernimmt Al, je öfter Doris sagt: »Mir ist gleich, in welchen Film wir gehen«, immer mehr Entscheidungen nicht nur die, die das Kino betreffen, sondern auch die, welche Möbel gekauft werden und was gegessen wird. So wird die passive Doris noch passiver. John trägt eine rosarote Brille und versichert Helen, dass schon alles in Ordnung kommen wird; inzwischen werden Helens Sorgenfalten immer tiefer. Barbaras Emotionen werden immer heftiger; Harald wird ruhiger und logischer. Durch den Rückzug des einen wird der andere immer weiter zum anderen Ende der Wippe getrieben. Fast fallen sie am Ende schon hinunter; was als Traum begann, ist zu einem Alptraum geworden.

So kommt es manchmal vor, dass gerade die Qualitäten, die uns bei unserem Partner anzogen, uns, wenn sie eine andere Ausrichtung bekommen oder anders ausgedrückt werden, lästig und schließlich unerträglich werden. Was zu Anfang eine charmante Idiosynkrasie war, wird uns ein Dorn im Auge. Wir fragen uns:

»Was habe ich nur in diesem Menschen gesehen?« Es ist in Wirklichkeit aber gar nicht so geheimnisvoll, dass wir uns bei jemandem einhaken, der Neigungen hat, die wir sowohl lieben wie hassen, und Eigenschaften, die wir mögen und doch nicht mögen. Es sind nämlich die Muster einer Persönlichkeit, die uns selbst Schwierigkeiten machen, mit denen wir bei unserem Partner nicht zurechtkommen. Wir umarmen das im andern, wovor wir in uns selbst davonlaufen – doch nur eine Zeit lang. Dann kämpfen wir damit, wie wir mit uns selbst gekämpft haben.

Bob, der junge Mann auf der Wippe, weiß eigentlich nicht, was er wegen Vater und Mutter machen soll. Er hat gemischte Gefühle. Eigentlich streitet er mit sich selbst, in etwa so:

»Also, Bob, was ist denn nur mit dir los? Deine Eltern haben doch so viel für dich getan. Du solltest sie wirklich anrufen.«

Dann entgegnet er schnell: »Ja schon, aber man öffnet kaum die Tür, und schon wollen sie in dein Leben eindringen. Man wird sie nie los. Ich will nichts mit ihnen zu tun haben.«

Inzwischen hat Jane, seine Frau, einen ähnlich heftigen Kampf mit sich ausgefochten. Sie kommt allerdings zum gegenteiligen Ergebnis – sie sollten die Eltern anrufen. Laut sagt sie: »Laden wir doch deine und meine Eltern zum Abendessen ein.« Unmittelbar aus seinem inneren Selbstgespräch heraus antwortet er: »Ich will nichts mit ihnen zu tun haben.« Sie sagt: »Aber sie sind doch unsere Eltern! Denk nur, was sie alles für uns getan haben!«

Von nun an braucht er nicht mehr sein eigener Gegner zu sein. In die Rolle hat sich nun seine Frau begeben, und die Schlacht findet nicht mehr zwischen Bob und Bob statt. Nun kämpfen Bob und Jane. Je fester ihr Standpunkt, um so tiefer gräbt er sich ein. Wer kann da gewinnen?

Wenn sich solche Polaritäten entwickeln, verlieren sich die Partner beinahe aus den Augen. Die Sehnsucht nach Nähe und Harmonie bleibt aber bestehen. Jeder versucht in seiner Verzweiflung, dem andern für den Abstand Vorwürfe zu machen. »Alles ginge gut, wenn du nur so wie ich denken würdest«, oder »… wie ich fühlen würdest«, oder »… wie ich wärest«. »Wenn du so wärest wie ich, wären die ganzen Schwierigkeiten vorbei.« In *My Fair Lady* fasst Henry Higgins das so zusammen: »Kann eine Frau denn nicht sein wie ein Mann?«

Diese Forderung wird im Allgemeinen nicht so direkt gestellt, stillschweigend aber schon. Der eine Partner sagt: »Wie kannst du nur so ungeduldig mit mir sein, wo du doch letzte Woche das gleiche getan hast, und ich kein Wort gesagt habe.« Die Botschaft heißt: »Du sollst so sein wie ich.« Oder: »Wie kannst du für solch einen Unsinn nur so viel Geld ausgeben. Ich kaufe nur das, was ich brauche.« Auch hier wieder dieselbe Botschaft: »Du sollst so sein wie ich.«

Es kann sein, dass der eine Partner nachgibt, weil er Angst hat, oder um des lieben Friedens willen, oder aus welchem Grund auch immer. In diesem Augenblick verschwindet das Leben aber aus der Beziehung. Er möchte Haferbrei zum Frühstück, drum sagt sie: »Ja, Liebling, es gibt Haferbrei zum Frühstück.« Und dann essen sie beide Haferbrei zum Frühstück. Oder sie möchte an den Wochenenden gern im Garten arbeiten. Sie arbeiten also beide jedes Wochenende im Garten. Klingt das nicht nach Titty Maus und Tatty Maus? Dennoch, wie viele von uns beschwören in unserer Unfähigkeit, allein zu sein, Gegensätze in Einklang zu bringen, ähnlich verdrehte Situationen herauf? Wir haben zwar, wie Titty Maus und Tatty Maus, nicht so angefangen, ironischerweise erreichen wir aber gerade bei unserem Versuch, Differenzen auszubügeln, eine solche eheliche Monotonie.

Es gibt noch andere Wege, zu einer faden Ehe zu kommen. Stellen wir uns eine Situation vor, in der der eine Partner durch etwas, was der andere getan hat, zutiefst verletzt oder erniedrigt wurde, zum Beispiel durch eine außereheliche Liebesaffäre. Ein solches Vorkommnis kann solche Auswüchse bekommen, dass der Partner, der sich unrecht behandelt fühlt, keinen Weg sieht, wie er vergeben und vergessen kann. So sehr der Schuldige auch bereuen mag, an jeder Ecke wird er ganz subtil wieder an seine Sünde erinnert. Dann gibt es die Situation, dass ein Mann oder eine Frau sich durch eine ungewollte Schwangerschaft in eine Ehe gedrängt sieht, oder durch den Druck der Eltern oder andere gesellschaftliche Faktoren. Marcia und Chuck sind nun schon drei Jahre miteinander gegangen, was würden denn die Leute sagen, wenn sie sich nun trennten? Die tiefsitzende Feindseligkeit dauert durch all die Jahre. Gelegentlich werden der Groll und das Schuldgefühl durch eine gleichgültige, stillschweigende Übereinkunft besänftigt, die zu einem verbitterten, leblosen und hohlen Dasein führt.

Der Reiz der Ehe von Titty Maus und Tatty Maus liegt für manche Paare in der Sicherheit des geordneten Lebens ohne Überraschungen. Der Mann oder die Frau, die im Leben nur eine große Mausefalle sehen, die jeden Augenblick zuschnappen kann, werden sich sicherlich nicht so weit vom gewohnten Weg entfernen. Es wird dann sogar riskant, den Duft eines Käses zu riechen, und für den Ängstlichen ist es ein Tabu, etwas zu riskieren. Solche Menschen entwickeln rasch Routine, wobei das Leben in den gewohnten Mustern dahinplätschert. Solche Gleichförmigkeit erfordert einen Mangel an Spontaneität; so ist keine Bewegung, keine Leidenschaft möglich. Auf der anderen Seite kann auch keiner verletzt werden. Die Tage mögen vorhersehbar sein, das Leben mag langweilig sein, aber es ist sicher.

Was passiert nun, wenn wir die Langeweile hochkommen lassen, sie einmal erfahren und den ersten kleinen Schritt dahin tun, wo wir den Rand der Klippe vermuten? Schauen wir auf die Vorstadtbühne. Titty Maus und Tatty Maus sitzen beim Frühstück.

Ti. M. (überdrüssig) Seufz.
Ta. M. (schaut kurz hoch, sieht nichts Besonderes und isst weiter.)
Ti. M. Seufz.
Ta. M. (ohne aufzublicken) Stimmt was nicht?

Ti. M.  Nein, eigentlich nicht. Na ja, – nun – es ist eben dieser Haferbrei.

Ta. M.  Stimmt was nicht mit dem Haferbrei?

Ti. M.  Nein, gar nicht, alles in Ordnung mit dem Haferbrei. Er ist köstlich.

Ta. M.  (etwas ungeduldig) Was ist es denn?

Ti. M.  Wird dir eigentlich der Haferbrei nie langweilig?

Ta. M.  Langweilig? Haferbrei? Was ist denn das für eine Frage? Darüber denk ich nie nach. Das ist eben das Frühstück. Wir müssen doch etwas essen.

Ti. M.  Ich habe darüber nachgedacht, und mir wird der Haferbrei, offen gesagt, langweilig.

Ta. M.  Also wirklich! Du bist verrückt. Die ganzen Jahre mochtest du Haferbrei, nun wird er dir auf einmal langweilig.

Ti. M.  (abwesend) Neuseeland.

Ta. M.  Was?

Ti. M.  (zögernd) Ich habe gehört, dass sie in Neuseeland zum Frühstück Lammkeulen und gedämpfte Tomaten essen.

Ta. M.  (verwundert) Hör ich recht? Lammkeulen und gedämpfte Tomaten? Weißt du, was das kostet? Weißt du, wie viel Mühe die Zubereitung macht? Ist dir klar, dass wir dann verschmutzte Pfannen und Geschirr abwaschen müssten? Und stell dir vor, es käme jemand und sähe uns Lammkeulen zum Frühstück essen? Im übrigen, was wirst du als nächstes wollen, wenn du jetzt dieser Laune nachgibst?

Haben wir das nicht schon mal gehört? Da sind doch wohl einige vertraute Botschaften: »Mach keinen Aufstand, ich mag mir keine Sorgen um dich machen müssen. Lass doch alles beim alten.« Und: »Du bist verrückt, wenn du anders bist als ich.« »Neue Ideen sind verrückt.« Und was noch hinzukommt: »Was werden die Leute denken?«

Obwohl es eigentlich nur um den Haferbrei geht, bleibt Tatty Maus nicht dabei. Alles wird herbeigezogen, Geld, Arbeit, Zeit und der gute Ruf. Das einzige, was Tatty Maus noch nicht ausprobiert hat, sind Drohungen. Da brauchen wir aber nicht lange zu warten: »Mit solch einer Maus kann ich nicht leben. Man stelle sich vor! Haferbrei ist nicht mehr gut genug. Meine Mutter sagte immer …«

Oder möglicherweise: »Wenn du jeden Morgen Lammkeule und gedämpfte Tomaten isst, sitze ich nicht mehr mit dir an einem Tisch.«

Sich der Frühstücksgewohnheiten anzunehmen, ist genauso riskant wie jede andere Entfernung von bekannten, vertrauten Wegen. Man liefert sich dem Angriff aus, extravagant, egoistisch und verrückt zu sein – all das, was man eben nicht sein soll. Man riskiert, einen Standpunkt einzunehmen. Man riskiert, in einen endlosen Streit hineingezogen zu werden, der noch größere Isolierung mit sich bringt. Man riskiert eine Umwälzung. Man riskiert Intimität.

Intimität. Das ist es ja, wonach wir uns so verzweifelt sehnen und was wir so sehr fürchten. So heftig unser Begehren auch ist, unserer inneren Einsamkeit ein Ende zu setzen, es ist vergleichbar mit unserer Furcht, verletzbar gemacht zu werden; intim sein heißt verletzlich sein. Wenn wir zeigen, wie wir fühlen oder was wir möchten, könnte unser Partner die Gelegenheit ergreifen, uns auszulachen und zu beschuldigen, zu streiten und zu drohen. Dann können wir verletzt werden, uns abgelehnt und allein fühlen, unfähig, uns zu verteidigen, unfähig, eine Situation wieder ins Lot zu bringen, die unseretwegen anscheinend schiefgelaufen ist. Das Paradoxe ist, dass wir in unserem Versuch, einander näher zu kommen, nun am Ende noch weiter entfernt sind. Es braucht nämlich zwei, damit Intimität entstehen kann.

In unserem Beispiel ging Titty Maus ein Risiko ein, indem sie einen Standpunkt vertrat und über Gefühle und Wünsche sprach. Entweder wusste Tatty Maus es nicht besser, oder sie wagte nicht, ein intimer Zuhörer zu sein. Statt dessen holte Tatty jede Taktik hervor, um nicht offen zuhören zu müssen. Offen zuzuhören kann genauso bedrohlich sein wie offen zu sprechen. Denn wenn wir zuhören, wirklich zuhören, ohne uns hinter Argumenten und Mauern zu verschanzen, werden wir nämlich auch verletzlich, denn wir werden berührt werden.

Nun nochmals dieselbe Szene, Titty Maus und Tatty Maus in der Vorstadt beim Frühstück.

Ta. M.  Du bist heute aber schon früh auf.

Ti. M.  Ja, ich mache mir mein Frühstück. Riecht es nicht gut?

Ta. M.  Willst du denn keinen Haferbrei? Liebst du mich nicht mehr?

Ti. M.  (seufzend) Mir ist Haferbrei langweilig. Heute morgen habe ich Lust auf Lammkeule und gedämpfte Tomaten. Das hat überhaupt nichts damit zu tun, ob ich dich liebe oder nicht. Soll ich dir auch etwas machen?

Ta. M.  Da kann ich nur nein sagen! Hat man jemals von solch einem Frühstück gehört!

Ein paar Minuten vergehen. Die beiden essen still ihr jeweiliges Frühstück. Ein Duft steigt aus der Bratpfanne.

Ta. M.  (verlegen) Das duftet aber wirklich gut. Ob ich doch einmal probiere, Liebling?

### Fragen zu Kapitel 3

1. Gibt es Punkte, in denen du möchtest, dass dein Partner so ist wie du? Welche sind es?

   _____

   _____

   _____

2. Worin gleichen du und dein Partner dem Jack Sprat und seiner Frau? (Falls ihr es nicht mehr wisst: »Jack Sprat vertrug kein Fett, sein Weib vertrug's nicht mager, so leckten sie, wie ihr hier seht, die leere Speiseplatte.«)

   _____

   _____

3. Kommt es manchmal vor, dass du in deiner Einstellung oder Handlung eine extreme Position vertrittst, die der deines Partners entgegengesetzt ist? Welche Beispiele fallen dir ein?

   _____

   _____

   _____

## Wahrnehmungsübung zu Kapitel 3

Jeder Partner sollte einmal, wobei ihr Negativurteile vermeidet, eine Qualität oder Fähigkeit nennen, die der andere hat und von der ihr meint, dass ihr sie nicht habt.

Zum Beispiel: Wenn ihr euch selbst als selbstlos erlebt und euren Partner nicht, könntet ihr sagen: »Du weißt, was du willst und wie du es bekommst.«

Ein anderes Beispiel: Wenn ihr euch als diplomatisch erlebt und die Wahrheit je nach Wunsch etwas zurechtbiegt und euer Partner zu offenherzig und plump ist, könntet ihr sagen: »Du bist immer ehrlich; du weißt, wie man ein Ding beim Namen nennt.«

Hütet euch vor Verallgemeinerungen wie: »Du bist offen.« Wechselt euch ab und nennt eine Qualität oder Fähigkeit eures Partners, die ihr eurer Meinung nach nicht besitzt. Denkt daran, sie *positiv* zu formulieren. Beschränkt euch jedes Mal auf eine Aussage.

### Fragen zum Wahrgenommenen

● Was habt ihr empfunden, als euer Partner eure Qualitäten und Fähigkeiten aufzählte?

● Habt ihr zugehört?

● Wolltet ihr gern erklären, euch rechtfertigen oder rationalisieren?

● Habt ihr innerlich die positiven Aussagen über euch in
  negative umformuliert?

# 4. DER FISCHER UND SEINE FRAU

Es war einmal ein Fischer, der lebte mit seiner Frau in einem Pisspott nahe dem Meer. Der Fischer ging jeden Tag zum Fischen. Eines Tages saß er mit seiner Angel am Strand und schaute auf die glitzernden Wellen und achtete auf die Leine, als plötzlich der Schwimmer tief hinunter in die Flut gezogen wurde, und als er daran zog, holte er einen großen Fisch heraus. Der Fisch aber sagte: »Ich flehe dich an, lass mich leben! Ich bin in Wirklichkeit gar kein Fisch. Ich bin ein verzauberter Prinz, wirf mich wieder ins Wasser und lass mich frei.«

»Oho!«, sagte der Mann, »du brauchst nicht so viele Worte machen, mit einem Fisch, der reden kann, will ich nichts zu tun haben, so schwimm nur fort, mein Herr, wie es Ihnen beliebt.«

Dann gab er ihn dem Wasser zurück, und der Fisch schoss gleich zum Grund und hinterließ eine lange Blutspur in den Wellen.

Als der Fischer zu seiner Frau nach Hause in den Pisspott kam, erzählte er ihr, dass er einen großen Fisch gefangen hatte, und wie der ihm gesagt hatte, dass er ein verwunschener Prinz sei, und wie er ihn, als er hörte, dass er sprach, wieder losgelassen hatte.

»Hast du ihn denn um nichts gebeten?«, fragte die Frau.

»Nein«, sagte der Mann, »worum hätte ich denn bitten sollen?«

»Ach«, sagte die Frau, »wir leben doch hier so kümmerlich, in diesem grässlichen, schmutzigen Pisspott, geh zurück und sag dem Fisch, dass wir uns ein hübsches kleines Häuschen wünschen.«

Dem Fischer gefiel das zwar wenig, doch ging er an den Strand, und als er dort ankam, war das ganze Wasser gelb und grün. Und er stellte sich ans Ufer und rief:

»Mantje, Mantje, Timpe Tee,
Buttje, Buttje in der See!
Meine Frau, die Ilsebill,
will nicht so, wie ich wohl will.«

Da kam der Fisch herbeigeschwommen und fragte: »Was will sie denn? Was will deine Frau denn?«
»Ach«, meinte der Fischer, »sie sagte, dass ich dich, nachdem ich dich gefangen hatte, um etwas hätte bitten sollen, bevor ich dich wieder freiließ; sie will nicht mehr in dem Pisspott wohnen und möchte ein hübsches kleines Häuschen.«
»Geh schon heim«, sagte der Fisch, »sie sitzt schon drin!« Da ging der Mann nach Hause und fand seine Frau an der Tür einer schmucken kleinen Hütte.

Nun, es dauert nicht lange, da ist die Frau mit der Hütte unzufrieden. Sie wünscht sich ein großes Schloss und bekommt es auch. Dann will sie natürlich König werden, dann Kaiser, dann Papst. Bei jedem Wunsch wird die See dunkler und drohender, und der Fischer fürchtet sich immer mehr. Schließlich will die Frau Herr über Sonne und Mond werden.

»Ach, Frau, hast du nicht genug damit, Papst zu sein?«, fragte er.
»Nein«, sagte sie, »solange Sonne und Mond ohne meinen Willen aufgehen, fühle ich mich unwohl. Geh sofort zum Fisch!«
Zitternd vor Angst ging der Mann los, und als er zum Strand kam, erhob sich ein furchtbarer Sturm, dass die Bäume sich bogen und die Felsen erzitterten. Und der ganze Himmel überzog sich mit schwarzen Sturmwol-

ken, und die Blitze zuckten und der Donner rollte; und ihr hättet auch große, schwarze Wogen im Meer sehen können, die wie Berge anschwollen und auf ihren Kämmen weiße Schaumkronen trugen. Und der Fischer kroch zum Strand und rief, so laut er konnte:

»Mantje, Mantje, Timpe Tee,
Buttje, Buttje in der See!
Meine Frau, die Ilsebill,
will nicht so, wie ich wohl will!«

»Was will sie denn jetzt?«, fragte der Fisch.
»Ach«, sagte er, »sie will Herr über Sonne und Mond werden.«
»Geh nach Haus«, sagte der Fisch, »sie sitzt wieder im Pisspott.«
Und dort leben sie noch heute.

Hier begegnen wir einer äußerst fordernden Frau, die sich mit einem Mann zusammengetan hat, der voller Nachsicht ihr gegenüber ist – auf den ersten Blick eine hervorragende Kombination, bei genauerem Hinsehen entdecken wir aber zwei frustrierte Menschen, von denen keiner bekommt, was er möchte. Die Frau hat von ihren wahren Wünschen wahrhaftig keine Vorstellung. Jede ihrer Launen soll sofort befriedigt werden, doch alles, was sie bekommt, gibt ihr nur vorübergehende Befriedigung. Sie ist unfähig, sich an dem, was sie hat, zu erfreuen, und ist vollständig damit beschäftigt zu überlegen, was sie noch brauchen könnte. Besessen von ihrer Gier, ist sie zu einem schalen, nutzlosen Leben voller Unzufriedenheit verdammt. Dieser Menschentyp lebt sein Leben, ohne dass er die, die um ihn sind, ihre Bedürfnisse, Gefühle und Wünsche, wahrnimmt. Sie ist in ihrer Selbstzentriertheit wie ein Kind, das lediglich die Worte »Ich will« gelernt hat.

Die Fischersfrau hat die Vorstellung, dass ihre Leere durch materielle Güter und Macht erfüllt werden kann. Also verlangt sie danach. Andere Frauen dieses Typs glauben, dass sie zufrieden wären, wenn sie nur mehr Freiheit oder mehr Zuwendung oder mehr Zuneigung oder mehr Kontrolle über das Benehmen ihres Mannes haben könnten. Solche Menschen sind unglücklicherweise unersättlich. Jeder Wunsch bekommt, wenn er erfüllt ist, augenblicklich Junge, und jedes Mal lockt die Frau mit dem stillschweigenden Versprechen, das sie wie einen Apfel auf einem Stab vor sich herschwenkt, dass sie, wenn nur dieser letzte Wunsch noch erfüllt ist, ganz glücklich sein wird. Und wenn sie glücklich ist, kann ihr Mann erwarten, dass sie sich um seine Wünsche kümmert, die sie bis dahin entweder nicht wahrgenommen oder hartnäckig ignoriert hat.

Die Fischersfrau macht mit ihren Forderungen großen Lärm. Er braucht, um herauszufinden, wie das Geschenk, die Umstände oder die Unternehmung auszusehen haben, die seine Frau endgültig zufriedenstellen werden, keine Ratespiele auszuführen. Andere Männer, die keine so klaren Anweisungen erhalten, sind in ihren Bemühungen, Freude zu machen, ständig frustriert. Sie versuchen eins nach dem anderen, und ihre Frauen sitzen nur da und warten, dass sie es falsch machen. Durch diese Form von Manipulation kann eine Frau die totale Kontrolle über ihren Mann besitzen, indem sie ihre Gunst gerade nur so oft verteilt, wie sie Köder in der Falle braucht.

Die Frau in dieser Geschichte wird nicht zulassen, dass ihre Befehle nicht ausgeführt werden. Eigentlich mag der Fischer nicht zu dem Fisch gehen und immer wieder um seine Gunst bitten, aber hat er denn eine Wahl? Er kennt seine Frau. Er weiß, dass er keinen Frieden haben wird, dass sie ihm keine Ruhe lassen wird, bis er ihr Gebot erfüllt. Er mag wohl etwas einwenden, Vernunftgründe anbringen, Ersatz anbieten, doch sie hat eine fixe Idee, eine Absicht, die solche Ausmaße annimmt, dass jedes Maß verlorengeht. Solche Frauen sind Experten in emotionaler Erpressung. Sie wissen alles aus ihren Männern herauszupressen. Manche stellen laute Forderungen, wie die Fischersfrau; manche sitzen nur da und schmollen; manche verweigern sich im Bett; manche quengeln nur boshaft oder leise. Das Ergebnis ist immer dasselbe. Die Männer lassen zu, dass sie in die Lage versetzt werden, wo sie für das Glück ihrer Frauen überverantwortlich sind. Es braucht nicht erwähnt zu werden, dass die Situation oft auch umgekehrt ist, mit einem fordernden Mann, der nicht zufrieden ist, ganz gleich, wie sehr seine Frau ihm auch aufwartet.

Welcher Art ist nun ein Mann, der diese undankbare Aufgabe, diese lebenslängliche Herausforderung, annimmt, eine gierige, ehrgeizige und unersättliche Frau zufrieden zu stellen? Es ist der Mann, der mehr als alles andere den Zuspruch braucht, der von einem Klaps auf die Schulter kommt und heißt: »Das hast du gut gemacht, du hast deine Wünsche hintangestellt, du hast mir Freude gemacht. Nun hab ich dich lieb.« Unser Fischer erhält diese Zustimmung unglücklicherweise nie. Sein tiefes Verlangen nach Bestätigung ist von der ständigen Furcht vor Missbilligung begleitet, sodass er gegen das eigene bessere Wissen und gegen das eigene Bewusstsein handelt, nur um der schlechten Laune der Frau zu entgehen. So nimmt der Fischer es eher mit dem wütenden, aufgewühlten Meer auf und stellt die gewaltigen Ansprüche an den Fisch, als dass er zu seiner Frau »Nein!« sagt. Wie wir sehen, mangelt es ihm an Willen und Selbstbehauptung. All seine Aktionen sind darauf ausgerichtet, die Bestätigung zu erhalten, die vielleicht eines Tages, so hofft er, von seiner Frau kommen wird. So hat er keine eigene Kraft. Er kann keinen eigenen Standpunkt einnehmen.

Der Fischer und seine Frau haben eine stillschweigende, vertragliche Übereinkunft, die man so formulieren könnte: Seine Wünsche treten hinter die ihren zurück; er muss ihren Forderungen nachkommen; er bleibt ein Mann ohne Rückgrat, bemüht, die Liebe und Wertschätzung seiner Frau zu erhalten, dafür drückt er sich davor, Verantwortung für das eigene Tun zu übernehmen. Der Fischer und seine Frau haben Rollen, wie sie auch in anderen Märchen vorkommen; sie richten sich alle nach stillschweigenden Übereinkünften.

Solche Übereinkünfte sind für alle Beziehungen typisch. Tatsächlich haben manche Therapeuten und Eheberater sogar damit experimentiert und diese Abmachungen durch ausgesprochene Kontrakte offengelegt, um das Geben und Nehmen, das in einer intimen Verbindung notwendig ist, zu erleichtern. Eine Frau verlangt zum Beispiel, dass ihr Mann, wenn er von der Arbeit kommt, für eine gewisse Zeit mit ihr spricht. Der Mann ist einverstanden, vorausgesetzt, dass seine Frau zweimal in der Woche mit ihm schläft. Wie mögen die Art der Unterhaltung und der Sex wohl aussehen, die aus einer abgeschlossenen Vereinbarung resultieren? Die Chance ist gering, dass solche Kontrakte zu einem lebendigen, wechselseitig befriedigenden Zusammenspiel führen oder den Weg zu neuen und anders gearteten Verhaltensweisen freimachen. Es scheint eher wahrscheinlich, dass sich ein Muster entwickelt, bei dem dem anderen etwas vorenthalten wird, denn selbst wenn man über Tätigkeiten Vereinbarungen treffen kann, so kann man Gefühle sicher nicht unter Kontrakt nehmen.

Das hörte ich am Strand:

**Ältere Frau: »Was hast du gestern abend für John gekocht?«**
**Die jüngere Frau beschreibt ausführlich ein köstliches Essen.**
**Ältere Frau: »Hat es ihm geschmeckt?«**
**Jüngere Frau: »Ich musste ihn richtig ausquetschen. ›Schmeckt es dir? Schmeckt es dir? Schmeckt es dir?‹ – ›Hm.‹ Und das erste, was er heute morgen sagte, war: ›Was gibt's heute abend zu essen?‹ Da hab ich gesagt: ›Leck mich. Ich koche nicht mehr für dich. Du schätzt es überhaupt nicht.‹«**

Für sie lautet der Arbeitskontrakt: »Ich koche dir dein Essen. Du musst zeigen, dass du meine Mühe schätzt.« Unglücklicherweise besteht für dieses Paar hier eine einseitige Übereinkunft, über die der Mann nicht informiert worden ist.

Ein Teil des gemeinsamen Lebens- und Wachstumsprozesses liegt darin, das, was wir von uns und unserem Partner wollen, auszusprechen. Ein gutes Verständnis muss Ausdruck zunehmender Bewusstheit unserer selbst, des anderen und der sich wandelnden Situation sein. Wir sind komplizierte Individuen mit widersprüchlichen Bedürfnissen und Wünschen. Wir bringen Doppelbotschaften: »Ich möchte mich bei dir anlehnen. Ich möchte unabhängig sein.« – »Ich möchte nur dich lieben. Ich will frei sein, auch andere zu lieben.«

Unsere Botschaften sind so unbeständig, weil unsere Gefühle so unbeständig sind. Manche unserer Bedürfnisse liegen unterhalb der Bewusstseinsschwelle. Verborgene Sehnsüchte und Wünsche, die man niemals aussprechen könnte, kommen aus einer begrabenen Vergangenheit. Sie sind dem Zugriff unseres Bewusstseins entzogen, können unser Tun, unsere Worte und unsere Enttäuschungen aber mächtig beeinflussen. Ein Mensch mag das Verlangen, geliebt und geschätzt zu werden, wohl wahrnehmen und doch gleichzeitig den unterdrückten inneren Drang nach Bestrafung vergessen haben. Vielleicht leidet der Fischer an dieser Ambivalenz.

Die innere Ambivalenz ist schon verwirrend genug. Mit einem solchen Partner zu leben, kann zur schieren Tortur werden. Betrachten wir einmal den Fall von Hans, einem Mann, der darauf besteht, Polly zu heiraten. Dann geht er vier Monate auf eine Geschäftsreise nach Europa. Er schreibt wiederholt und fleht sie an, ihm doch zu schreiben, gibt aber nie eine Adresse an. Er behauptet, dass er sie bei sich haben will, macht es aber nie möglich. Sie ist durch seine glühenden Briefe ohne Rückadresse anhaltend verwirrt. Macht er ihr nur »etwas vor«? Nein, er ist zwiegespalten, und das teilt er ihr mit. Für die eine Seite übernimmt er Verantwortung und drückt sie offen aus; die andere versteht sich durch seine Nachlässigkeit von selbst.

Häufig sind uns die Kontrakte, mit denen wir leben, so lange nicht bewusst, bis wir enttäuscht werden. »Ich habe dich geheiratet, weil ich gern Gesellschaft habe, und nun bist du nie zu Hause.« – »Ich habe deine Eltern unterstützt, als es ihnen schlecht ging, und nun willst du nicht mal, dass meine Mutter uns besucht.« – »Ich habe mich nie beklagt, wenn du Überstunden gemacht hast. Warum schimpfst du nun, wenn ich nur einen Samstagvormittag arbeiten will?« – »Letztes Jahr bin ich mit dir Angeln gegangen, ich dachte, dieses Jahr kommst du mit mir in die Stadt.« – »Ich biete dir immer eine Rückenmassage an, du massierst meinen Rücken nie.« – »Als Kind war ich sehr unglücklich. Ich dachte, wenn ich dich heirate, wird alles gut.« (Übertragen heißt das, dass du für meine unglückliche Kindheit aufkommen musst.) Ohne dass wir dem anderen Menschen jemals sagen, was wir erwarten, glauben wir, dass wir für das, was wir tun, einen Ausgleich bekommen. Wir begleichen unseren Teil des Handels, unser Partner tut das aber nicht. Er weiß noch nicht einmal, dass es einen Handel gibt!

Der Kontrakt des Fischers mit seiner Frau beinhaltet, dass er keine Stellung bezieht. Bevor er das tun kann, muss er ein sicheres Gefühl seiner selbst, seines »Ich«, seiner Identität haben. »Ich will.« – »Ich meine.« – »Ich fühle.« – »Ich bin ein wichtiger Mensch.« Dann wird er langsam die eigenen soliden Fundamente entdecken, sodass er am Ende buchstäblich auf den eigenen Beinen stehen, diese Stellung annehmen kann und sagt: »Hier stehe ich.«

Hört er einmal die Worte, die der Fischer bei seiner Frage an den Fisch benutzte: »Meine Frau Ilsebill will ihren Willen haben und hat mich geschickt, deinen Segen zu holen.« Er erfüllt die Bitten seiner Frau. Für das eigene Tun übernimmt er keine Verantwortung. So kann man ihm keinen Vorwurf machen. Bei Männern, die einen Raub oder andere Verbrechen begehen, finden wir dieses Verhalten häufig. Wenn man sie fragt, sagen sie oft, dass ihre Frau ein schöneres Haus, einen Pelzmantel oder eine Reise wollte. Der Satz »Hinter jedem großen Mann steckt eine Frau« bezieht sich auf das gleiche Phänomen. Manche Männer werden durch den Ehrgeiz ihrer Frauen zum Erfolg getrieben, manche in die Schande.

Der Fischer und seine Frau sind in einer tragischen Lage. Sie segeln durch felsiges Gewässer, und die Aussicht, dass sie jemals eine harmonische, befriedigende Beziehung haben werden, scheint hoffnungslos. Und doch ist man versucht, sie in ihrem Leben einen Moment aufzuhalten, um ihnen zu helfen, das, was sie sich und einander antun, zu erleben. Sie könnten so aus ihrem Alptraumdasein erwachen und eine Welt entdecken, in der es Alternativen und für beide befriedigende Wege gibt, wie man miteinander umgehen kann.

Nachdem der Zauberfisch den ersten Wunsch erfüllt hat, befindet sich das Paar in einer gemütlichen Hütte mit einem Garten und Obstbäumen. Die Frau langweilt sich schnell und will mehr. Wir wollen die Szene an dieser Stelle noch einmal aufnehmen. Der Fischer ist beharrlich. Nein, er wird den Fisch um nichts mehr bitten. Er wird die stillschweigende Vereinbarung nicht mehr einhalten. Soll seine Frau doch einen Koller bekommen, quengeln oder ihn ignorieren, er wird nicht nachgeben.

Damit tut er beiden einen Gefallen. In dem Augenblick entdeckt er seine eigene Identität. Indem er sich weigert, sich weiter von den kindischen Manövern seiner Frau manipulieren zu lassen, kann er sie so weit frustrieren, dass sie vielleicht den Weg der eingefahrenen Reaktionen verlässt und den schwierigen, aber aufregenden in Richtung Wachstum und Veränderung einschlägt. In diesem Augenblick der Frustration könnte sie natürlich auch entscheiden, sich einen anderen Fischer zu suchen, der leichter zu gängeln ist. Der Fischer geht dieses Risiko ein.

Malen wir es uns weiter aus. Die Frau wird stutzig. Wie kann sie denn nun ihren Mann manipulieren? Wie bekommt sie nun ihren Willen? Ihr Mann ist auf einmal ganz anders. Und wenn sie ihn betrachtet, ist er ein anderer Mann. Sie sieht jemanden, der sie wahrnimmt, der sie mag. Wenn er sie aber mag, warum bittet er den Fisch dann nicht um das Schloss? Weil er sich selbst eben auch mag, einschließlich seiner Werte, seiner moralischen Grundsätze und seines Gewissens.

Jetzt hat sie die Gelegenheit, die eigene Frustration zu erfahren, anstatt sich wie wahnsinnig in irgendwelche Aktivitäten oder Planungen zu stürzen. Diese Frustration so gründlich zu erleiden, bedeutet, dass sie einer beängstigenden und überwältigenden Leere entgegentreten muss. Auf einmal sieht sie sich mit den Grundfragen des Lebens konfrontiert: Wer bin ich? Wo bin ich? Was ist der Sinn des Lebens? Jahrhundertelang haben Philosophen, Dichter und Theologen mit diesen Fragen gerungen. Hat unsere arme Fischersfrau überhaupt eine Chance, damit fertig zu werden? Allein die Tatsache, der Leere zu begegnen, zwingt sie zu erkennen, dass jene kein Behälter ist, den man immer weiter mit einer Flut von Besitztümern und Macht füllen muss, sondern ein menschlicher Zustand, den wir in gewisser Weise miteinander teilen. Ihre Welt wird einer Landschaft vergleichbar, die im Nebel versunken ist. Nun hebt sich der Dunst langsam, und sie hat die Chance, sich selbst, ihren Mann, das Haus und den Garten zu entdecken. Die Leere, die sie ohne den Versuch, sie zu füllen oder zu bekämpfen, erkannt hat, wird sich in dem Maße verkleinern, je mehr sie sich wirklich auf das Leben einlässt.

**Fragen zu Kapitel 4**

1. Hast du mit Ilsebill etwas gemeinsam? Oder mit dem Fischer?

   _____

   _____

   _____

2. Wolltest du jemals etwas sehr gern haben, bekamst es dann und warst enttäuscht? Wann war das?

   _____

   _____

   _____

3. Wann hast du das letzte Mal auf eine Bitte deines Partners »Nein« gesagt? War das schwierig? Meintest du, dich entschuldigen zu müssen?

   _____

   _____

   _____

**Wahrnehmungsübung zu Kapitel 4**

1. Jeder macht eine Liste von drei Dingen, um die ihr den Zauberfisch bitten wollt. Sagt nichts davon und zeigt einander die Liste nicht.

   _____

   _____

   _____

   _____

   _____

   _____

   _____

2. Wenn jeder seine Liste vollständig hat, ratet, welche drei Dinge sich wohl auf der Liste des anderen befinden. (Es macht nichts, wenn ihr falsch ratet. Dann geht über zum nächsten Teil.)

3. Nachdem ihr dann geraten habt, tauscht die Listen aus und sprecht über die Wünsche. Vermeidet »Warum«-Fragen. (Zum Beispiel: Warum willst du denn einen Avokadogarten? Wie du weißt, erkranken Avokadobäume leicht.)

### Fragen zum Wahrgenommenen

- Habt ihr, als ihr eure Listen geraten habt, irgend etwas richtig erraten?

- Hat es dich interessiert, die Wünsche deines Partners zu hören?

- Erlebtest du die Wünsche deines Partners als Forderungen, wonach du irgendwie handeln musst?

- Fühltest du dich schuldig, abwehrend oder glücklich, als du die Wünsche des anderen hörtest?

- Konntet ihr über eure Gefühle sprechen?

- Vermeidet zu argumentieren. Hört einander einfach zu und teilt euch mit.

## 5. DIE HALB GEFÜLLTE TEETASSE

Es war einmal ein Mann, der sich immer beklagte, dass jedes Mal, wenn er nur eine halbe Tasse Tee wollte, er eine ganze bekam. Keine Frau, sagte er, könne eine halbe Tasse Tee einschenken; und träfe er eine, die das könne, dann würde er sie heiraten, denn sie sei ein Wunder. Nun, eines Tages ging er auf ein Gartenfest, wo eine junge Frau, die er nie zuvor gesehen hatte, der Gastgeberin half.

Sie fragte ihn, ob er noch eine Tasse Tee wolle, und er sagte: »Nur halb voll, bitte.«

Sie schenkte genau halbvoll ein. Er schaute sie mit großem Respekt an und dachte, dass sie ein sehr hübsches Mädchen sei. Er fand ihren Namen heraus, sah sie häufig und mochte sie immer lieber, und schließlich fragte er, ob sie ihn heiraten wolle. So heirateten sie, und auf der Hochzeitsreise fragte sie: »Wodurch bist du zuerst auf mich aufmerksam geworden?«

»Nun, weißt du noch den ersten Tag, an dem wir uns sahen«, sagte ihr Mann, »als ich dich um eine halbe Tasse Tee bat?«

»Oh, ja«, sagte sie, »ich erinnere mich. Da war kein Tropfen mehr in der Kanne, und ich habe mich so geschämt.«

Was hat dieser Mann gemacht? Er hat seinen Lebenspartner wirklich aufgrund sehr nichtiger Tatsachen gewählt – eine Frau, die eine Teetasse, wenn es erwünscht ist, halb voll füllt. Die Vorstellung, dass eine Frau, die das tut, sicherlich ungewöhnlich gut und angenehm sei, ist in seinem Kopf immer größer geworden, bis Vernunft, Logik und tatsächliche Erfahrung mit seiner Entscheidung nichts mehr zu tun hatten. »Jegliche Frau, die eine Teetasse halb voll einschenkt, wird für mich die Frau sein.« – »Ein Mann, der so gut zu Hunden ist, wird ein wundervoller Ehemann.« – »Eine Frau, die so gepflegt ist und ihr Haus so sauber hält, ist für jeden Mann eine gute Frau.« Und so verlieben wir uns.

Der romantische Begriff des Sich-Verliebens [engl. *falling in love,* »in Liebe fallen« (A. d. Ü.)] verträgt sich nicht mit der Entwicklung einer Beziehung voll Wachstum und aufrichtiger Liebe. Sich-Verlieben ist häufig maskiertes sexuelles Verlangen, Sehnsucht nach Intimität. Durch den Vorhang unserer Bedürfnisse und Wünsche sehen wir nur undeutlich, wer dieser andere Mensch ist; so heiraten wir ein Phantasiebild, ein Werk, das gemacht wurde, um unseren Anforderungen zu genügen, ein Konzept anstelle eines Menschen. Wenn ein Mensch ein Konzept heiratet und an diesem Konzept festhält, dann gibt es keine Chance, dass sich das tiefe Verständnis, das sich beim Teilen des gemeinsamen Lebens entwickeln kann, überhaupt einstellt. Erwartungen führen dann zu Enttäuschungen, zu Vorwürfen, zu Strategien, die, anstatt dass sie zu wahrem Kontakt zwischen zwei Menschen führen, eher davon wegführen.

Wir sind von Anfang an von zwei getrennten Erwartungskategorien verflucht: Die eine hat mit der Ehe zu tun, die andere betrifft eben das Individuum, das wir zum Partner gewählt haben. Das Märchenversprechen des Glücklich-bis-ans-Ende-leben wird uns von den Medien ständig verkauft; und selbst wenn wir es anders kennen, neigen wir dazu, uns die tröstliche Botschaft anzueignen: »Jeder Tag ist ein Feiertag, weil ich mit dir verheiratet bin.« Wir glauben, dass unsere Ehe anders wird, besser als jene unglücklichen Verbindungen, in denen wir unsere Eltern und Freunde miteinander ringen sehen, denn wir lieben wirklich. Es gibt genauso viele Träume, wie es Menschen gibt, die sich in eine intime Beziehung wagen; der meistverbreitete Traum ist aber sicherlich auch der, der am wenigsten realisierbar ist: nämlich der eines wunderbaren, paradiesischen Daseins in höchstem Glück ohne Frustrationen. Die Konflikte und Meinungsverschiedenheiten, die wir vor der Ehe kennen gelernt haben, werden, darauf vertrauen wir, liebevoll und vernünftig angegangen werden, und Liebe und Vernunft werden, wie Zauberstäbe, alles Unerfreuliche zum Verschwinden bringen. Natürlich wissen wir es alle besser und werden in einer ernsthaften Diskussion zugeben, dass die Ehe nicht immer leicht sein wird; sie erfordert Arbeit, Verpflichtung, Reife und Weisheit. Und doch erleichtert diese intelligente Einstellung weder unsere tiefe Enttäuschung noch verkleinert sie unsere Ernüchterung, wenn wir entdecken, dass eheliche Glückseligkeit zwar eine vertraute Phrase, aber ein ungewöhnlicher Zustand ist.

Die zweite Kategorie der Erwartungen betrifft unmittelbar uns selbst und unseren Partner, und wir müssen uns kurz anschauen, wie Männer und Frauen sich selbst und einander sehen. Die Frau wurde über die Jahrhunderte als Heilige oder Sünderin, als Madonna oder Hure dargestellt. Diese überkommenen Stereotypen haben sowohl bei Männern wie bei Frauen Spuren hinterlassen. Der Mann war der Ritter, der Ernährer und Beschützer. Derart festgelegte Begriffe von Weiblichkeit und Männlichkeit können einer völligen Entdeckung unserer selbst und unseres Gefährten immer noch abträglich sein. Unsere tatsächliche Kenntnis desjenigen, den wir für die Ehe gewählt haben, ist sehr begrenzt; zum einen, weil wir uns keiner realistischen Lebenssituation stellen, zum andern durch unsere wirksame Weise, das, was wir hören und sehen wollen, auszuwählen. Der Teetrinker »schaute sie mit großem Respekt an« und sah, was er sehen wollte, nämlich ein sehr hübsches Mädchen. Die Aspekte, die mit unserer Phantasie nicht übereinstimmen, ignorieren wir einfach und überladen den anderen Menschen mit Eigenschaften, die in gewisser Weise die eigenen Unzulänglichkeiten ausgleichen sollen.

Wenn ich Zweifel an der eigenen Vollkommenheit habe, werde ich vermutlich leicht in meinem Partner eine Vollkommenheit und einen Grad an geistiger Gesundheit sehen, die er haben mag oder auch nicht. Auf jeden Fall erwarte ich, dass seine Gesundheit mich normaler machen wird. Umgekehrt mag ich jemanden finden, durch den ich mich liebenswert oder sexuell kompetent oder stark oder erfolgreich oder wichtig fühle. In all diesen Fällen heirate ich einen Menschen, damit er etwas bestimmtes für mich tut. Ich mache meinen Partner für meine Gesundheit oder meine Liebesfähigkeit, meinen Erfolg, meine Kompetenz oder irgend etwas anderes aus einer Vielfalt von

Eigenschaften oder Fähigkeiten verantwortlich, die mir fehlen oder von denen ich glaube, dass ich sie nicht habe.

Häufig wählen wir uns einen Partner, dessen Anwesenheit in unserem Leben ein vertrautes, wenn auch nicht notwendigerweise befriedigendes Lebensmuster wiederherstellt. Wir begeben uns in eine Lage, die wir ähnlich vielleicht als Kind schon gekannt haben. Ein Mann, der mit einer Frau verheiratet ist, die ihn immer raten lässt, ob sie ihn liebt oder nicht, mag wohl herausfinden, dass dies eine Wiederholung aus der Zeit ist, als er als Junge mit seiner Mutter lebte. Eine Frau, die einen Mann heiratet, der Frauen schlägt, hatte wohl einen Vater, der sie schlug. Dies sind nur zwei Beispiele von Lebensläufen oder Programmen, auf die Menschen fixiert sind. Es scheint ein unwiderstehlicher Drang für Menschen zu bestehen, solche Situationen unbewusst zu wiederholen, in der Hoffnung, dass sie sie durch die Mühe erfolgreich meistern werden. Das Leben so zu betrachten, mag absurd und selbstquälerisch erscheinen, es ist aber wichtig zu sehen, dass Menschen, die sich an einem einzigen Lebensschema festhalten, andere Möglichkeiten aus den Augen verloren oder nie gesehen haben. Eine Ehe, deren Hauptfunktion darin liegt, eine ungelöste Lebenssituation aufzulösen, ist gewöhnlich eine Rechnung, die nicht aufgeht.

So muss Enttäuschung den Illusionen folgen, die wir über die Ehe haben, und den phantasierten Erwartungen, die wir an uns selbst und unseren Partner stellen. Was macht der Mann nun, wenn er die »Wahrheit« über seine Frau, die ihm die Teetasse halb voll goß, herausfindet? Eine Möglichkeit ist, dass er sich betrogen fühlt, da er sich ein Phantasiegebilde gebaut hat, eine Seifenblase, die seine Frau gerade platzen ließ. Niemand sieht eine Seifenblase gern platzen. Er wird sich, wenn das passiert, wohl ziemlich dumm fühlen – doch nur kurz. Er wird diese unschmeichelhafte Eigenmeinung rasch vertuschen, wahrscheinlich, indem er seine Partnerin angreift, die ihm so etwas Schreckliches angetan hat. Sie wird sich zweifellos über die Heftigkeit seines Ausbruchs wundern und traurig feststellen, dass die Flitterwochen schon vorbei sind.

Falls die beiden andererseits die Zeit zwischen der Gartenparty und den Flitterwochen dazu benutzt haben, einander in offener, gradliniger, absichtsloser Weise kennen zu lernen, und sich nicht von ihren Erwartungen und Phantasien blenden ließen, dann mag der Mann den Witz der Situation genießen, die Absurdität seiner fixen Idee erkennen und sich selbst glücklich schätzen.

Wie lange braucht es, bis die Wirklichkeit in unser Bewusstsein rückt, bis die Vorwürfe beginnen? Wenn unsere Unzulänglichkeiten bestehen bleiben, unser Minus nicht durch das Plus, das wir in unserem Partner zu finden meinten, ausgeglichen wird, dann haben wir nur selten die Selbsterkenntnis oder Integrität, ehrlich zu sein. Der Mensch wird kaum zu finden sein, der seinem Gefährten sagt: »Deine Stärke soll ein Gegenstück zu meiner Schwäche sein. Wo ist sie?«

Es kommt immer wieder vor, dass zwei Partner fast Kontakt zueinander finden, dann aber aneinander vorbeirutschen und sich gerade verpassen. Jedes Mal, wenn wir unseren Partner mit einer Erwartung messen, wie er sein sollte, oder was er für uns tun sollte, misslingt es uns, die Wand und die Verzerrungen zu beseitigen, die wir selbst verursachen. »Sei, was du in meiner Vorstellung bist. Entsprich meiner Phantasie«, ist eine häufige Forderung unter Partnern, die aber kaum ausgesprochen wird. Eine Frau, die sich gegen das Netz der Erwartungen ihres Mannes wehrt, schilderte ihre Situation recht lebendig: »Für meine Mutter musste ich immer das ›Große Mädchen‹ sein. Mein Mann heiratete mich, weil er dachte, dass ich ein großes Mädchen sei, er weiß aber gar nicht, dass in mir ein kleines Kind steckt.«

Eine gesunde Ehe beginnt, indem man an die Realität des anderen Menschen anknüpft und den Partner so, wie er ist, aufrichtig schätzt. Das entsteht mit der Zeit durch den Kontakt. Echter Kontakt beinhaltet, dass wir unsere Erwartungen hintanstellen und den andern sehen und hören, wie er ist, und nicht, wie wir wünschen, dass er sei, oder wie wir träumten oder phantasierten, dass er sei. Wir alle wünschen uns, akzeptiert und verstanden zu werden, und finden es so schwer, dies dem andern voll entgegenzubringen.

Eine aufrichtige Anerkennung hängt weitgehend von der ungeschminkten Erfahrung ab, wie wir selbst in Beziehung zu diesem anderen Menschen stehen. Diese Erkenntnis und Anerkennung unserer selbst und des anderen sind ein fortlaufender Prozess, bei dem wir zwischen uns und dem anderen Unterschiede entdecken. Wir werden

Zeiten erleben, wo die individuellen Grenzen fast verschwinden, und Zeiten, wo sie sehr deutlich sind, nicht als Mauer, die zwischen uns entsteht, sondern eher als Kontaktpunkte. Diese Vorstellung mag deutlicher werden, wenn ihr denkt, was passiert, wenn ihr jemandes Hand eine Zeit lang haltet, ohne euch zu bewegen. Nach einer Weile fühlt ihr die andere Hand nicht mehr. Der Kontakt besteht zwar noch, da eure Hände noch beieinander sind, aber ihr erlebt ihn nicht mehr. Die Grenzen sind verwischt. Ihr müsst die Hand bewegen, um sicher zu sein, dass ihr einander noch berührt. In einer Partnerschaft beginnt wahrer Kontakt mit der Wahrnehmung der Unterschiede, mit der Anerkennung der Grenzen. Du bist du, und ich bin ich. Und daran erkennen wir, dass wir einander berühren.

Wenn Paare aufhören, sich jeder auf sich selbst zu beziehen, und immer von »wir« sprechen (»wir mögen keinen Fisch«, – »wir gehen gern früh ins Bett«, – »wir wählen immer die Republikaner«), dann ist das ein Zeichen, dass die wesentliche Grenze beseitigt wurde. Die Individualität ist in Gefahr, verloren zu gehen. Kein Mensch hat immer die gleiche Einstellung wie ein anderer?, sieht eine Situation in gleicher Weise, mag die gleichen Leute, das gleiche Essen, Fernsehprogramm oder die gleichen Bücher. Einzelwesen sind gleicher und unterschiedlicher Meinung. Sie erleben eine bestimmte Situation unterschiedlich. Jeder hat seine eigene Einsicht, seine Beurteilung, seine Intuition; eigene Augen, Ohren, seinen eigenen Blutstrom; seinen eigenen Geschmack, sein eigenes Ich.

Wenn Henry Higgins in *My Fair Lady* fragt: »Kann eine Frau nicht so sein wie ich?«, so drückt er etwas aus, das wir alle gelegentlich fühlen, wenn die Andersartigkeit unseres Partners die Zuneigung erschwert. Wie frustrierend ist es doch, jemanden zu treffen, der ebenfalls genau weiß, wie die Dinge zu tun sind. Wie verwirrend ist es, wenn einem mit Logik begegnet wird und man genau weiß, dass Logik in diesem Augenblick irrelevant ist, oder sich Gefühlen gegenüber zu sehen, wenn man weiß, dass Logik jetzt sinnvoller ist!

Im Idealfall lebt jedes Individuum in der Ehe sein eigenes Dasein, mit dem des Partners zwar eng verbunden, aber getrennt. Wann ist ein Problem mein Problem? Wenn es das Problem meines Partners ist? Oder ist es immer ein gemeinsames Problem? Ein Mensch kommt mit seinem Leben in die Ehe, mit seinem Garnstrang, teils verwirrt, teils verknotet, hier schwach, dort stark. Sein Partner kommt mit seinem Garnstrang, auch verwirrt und verknotet. Nun kommen beide Stränge zusammen, verflechten sich, verschmelzen manchmal, ergänzen einander manchmal, gelegentlich schreien die Farben, oder die Fäden verwickeln sich. Die Probleme der Verknüpfung zeigen sich wie die beiden verknoteten Farben; wenn, was oft der Fall ist, die Knoten des einen Strangs sich mit den Knoten des anderen Strangs verbinden, entsteht eine enorme Herausforderung, die eingeflochtenen Probleme zu isolieren, um sich einzeln damit zu beschäftigen. Kann ich von deinen Problemen überhaupt unberührt bleiben? Was trage ich zu deinen Problemen bei?

Jeder Partner versorgt den anderen bis zu einem gewissen Grad mit Material für seine Probleme. So wie die Frau des Menschenfressers die Tyrannei ihres Mannes durch ihre Haltung und ihr Tun nährt, finden auch wir subtile, aber scharfsinnige Wege, unseren Partner zu treffen und zu unterminieren. Wir werden in seine Probleme hineingezogen. Die Frau des bekehrten Alkoholikers erwähnt häufig seine alte Gewohnheit.

Es ist im Allgemeinen nutzlos zu versuchen, die Probleme anderer Leute zu lösen. Wir können wohl sagen: »Wenn ich du wäre, würde ich …« Der andere wird beständig erwidern: »Ja, *aber* …« Und zum wiederholten Mal wird deutlich, dass ich nicht du bin; was ich mir vorstelle, in der gleichen Situation zu tun, würdest du nicht in Betracht ziehen. Eine wohlmeinende Gefährtin, die die Verantwortung auf sich nimmt, für die Probleme ihres Partners eine Lösung zu finden, wie immer sie heißen mögen – Alkoholismus, Fettsucht, Ungeduld, Verantwortungslosigkeit –, wird unvermeidlich auf Frustration und gewöhnlich auf sofortige Sabotage stoßen. Eine Frau, die ihren scheinbar einverstandenen Mann auf Diät setzt und im Auto dann Bonbonpapier entdeckt, wird in ihrer Aufgabe heimlich gestört. Eine Ehe ist wie ein Kanu, das von zwei Leuten gepaddelt wird. Was der eine tut, wirkt sich auf den anderen aus. Darin liegt sehr viel mehr, als eine Tasse Tee einzuschenken.

**Fragen zu Kapitel 5**

1.  Erinnerst du dich an ein Märchen aus der Kindheit? Hat
    es in deinem jetzigen Leben Bedeutung?

    _____

    _____

2.  Welche klugen Aussprüche hast du von deinen Eltern ge-
    hört, die du deinen Kindern weitergeben würdest, wel-
    cher Mann oder welche Frau ein guter Ehepartner sei?

    _____

    _____

    Was würdest du nicht weitergeben?

    _____

    _____

3.  Welcher von den Ratschlägen, die du bekamst, ist deiner
    Meinung nach jetzt töricht?

    _____

    _____

## Wahrnehmungsübungen zu Kapitel 5

1. Die junge Braut in der Geschichte fragt: »Wie bist du zuerst auf mich aufmerksam geworden?«
Besprecht miteinander, was euch zuerst am anderen auffiel. Hast du nur gesehen, was du sehen wolltest?

_____

_____

_____

2. Setzt euch einander gegenüber, schließt die Augen und entspannt euch einen Moment.
Nun öffnet die Augen und seht einander als Fünfjährige.
Sprecht bei diesem Abschnitt nicht.
Schließt die Augen nach ein oder zwei Minuten. Nehmt wahr, wie ihr euch fühlt.
Dann öffnet die Augen wieder und sprecht darüber.

3. Sitzt wieder entspannt und für einige Minuten mit geschlossenen Augen.
Nun öffnet die Augen und seht einander als Fünfundsiebzigjährige.
Sprecht nicht. Schließt die Augen nach ein oder zwei Minuten wieder. Wie fühlt ihr euch?
Nun öffnet die Augen und sprecht darüber.

**Anmerkung:** Zieht keine Gesichter und versucht nicht, wie in einem bestimmten Alter auszusehen. Jeder soll einfach schauen und sich seiner Vorstellungskraft bedienen.

### Fragen zum Wahrgenommenen

● Habt ihr offen gesprochen oder etwas zurückgehalten, um die Gefühle eures Partners zu schützen?

● Hört ihr zu, während euer Partner redet, oder denkt ihr an das, was ihr sagen wollt? Oder beschäftigt ihr euch in Gedanken mit etwas anderem?

# 6. DUMME MÄNNER
## UND ZÄNKISCHE WEIBER

Es waren einmal zwei Weiber, die sich immer stritten, so wie manche Weiber das gelegentlich tun, und als sie nichts Besseres zum Streiten fanden, begannen sie, sich über ihre Männer zu zanken: wer von beiden wohl der dümmste sei. Je länger sie stritten, desto ärgerlicher wurden sie, und am Ende waren sie kurz davor, sich zu schlagen. Denn eines ist sicher: »Ein Streit ist leichter entfacht als geschlichtet, und es ist schlimm, wenn der gesunde Menschenverstand fehlt.«

Die eine Frau sagte, es gebe nichts, was sie ihrem Mann nicht einreden könne, wenn sie nur sagte, es sei wahr, denn er war ein leichtgläubiger Trottel! Und die andere Frau sagte, ganz gleich, wie falsch es auch sei, sie könne ihren Mann zu allem veranlassen, wenn sie nur sagte, es müsse getan werden, denn er war ein Typ, der nicht durch eine Leiter sehen konnte.

»Nun, wir wollen einmal feststellen, wer von uns sie am besten zum Narren halten kann. Dann werden wir herausfinden, welcher Mann der dümmste ist«, meinten sie, und darin waren sie einer Meinung.

Als der Mann der einen Frau nun aus dem Wald nach Hause kam, schrie sie: »Himmel, hilf! Oh, das ist ja schrecklich! Du musst krank sein, wenn du nicht sogar schon stirbst.«

»Mir fehlt nichts, was sich nicht mit Essen und Trinken heilen ließe!«, antwortete der Mann.

»Der Herr stehe mir bei, wenn das nicht wahr sein soll!«, schluchzte die Frau. »Es wird jetzt schon immer schlimmer, du siehst schon bleich aus wie eine Leiche.

Leg dich besser hin! Ach, du wirst nicht mehr lange leben!« Sie fuhr damit fort, bis sie den Mann soweit hatte, dass er glaubte, an der Schwelle des Todes zu stehen. Sie schaffte es, dass er sich hinlegte, die Hände fal-
tete und die Augen schloss. Dann streckte sie ihn aus,
hüllte ihn in ein Leichentuch und legte ihn in einen
Sarg. Und damit er, während er darin lag, nicht ersticke,
machte sie einige Löcher in die Wände, sodass er atmen
und hinauslugen konnte.
Die andere Frau nahm ein Paar Karden, setzte sich nieder und begann zu karden.*) Sie hatte aber keine Wolle
auf den Karden. Ihr Mann kam herein und schaute, was
sie da machte.
»Es hat wenig Zweck, ohne Spinnrad zu spinnen, aber
um ohne Wolle zu karden, muss die Frau eine Närrin
sein«, sagte der Mann.
»Ohne Wolle?«, sagte die Frau. »Wieso, natürlich habe
ich Wolle, du kannst sie nur nicht sehen, es ist nämlich
die allerfeinste!«
Als sie mit Karden fertig war, holte sie das Spinnrad
hervor und begann zu spinnen.
»Also nein! Jetzt spinnst du aber!«, sagte der Mann.
»Was soll das, du sitzt da und drehst und spulst dein
Rad, ohne dass etwas drauf ist!«
»Nichts drauf?«, sagte die Frau. »Der Faden ist so fein,
da braucht es bessere Augen als deine, um ihn zu sehen.«
Als sie mit Spinnen fertig war, setzte sie sich an den
Webstuhl, spannte ein und webte den Stoff. Dann
nahm sie ihn aus dem Webstuhl, schnitt ihn zu und
nähte Kleider für ihren Mann. Als sie fertig waren,
hängte sie sie auf den Kleiderbügel.
Der Mann konnte weder Stoff noch Kleider sehen, da er
aber nun schon so weit war zu glauben, dass sie so fein

---

*) Karden: Wolle kratzen oder kämmen (A. d. Ü.)

seien, dass er sie nicht sehen könne, meinte er: »Nun gut, wenn sie so fein sind, habe ich Glück, dass sie für mich sein sollen.«

Eines Tages sagte seine Frau nun zu ihm: »Heute musst du auf eine Beerdigung gehen. Der Mann von der Nordfarm wird heute beerdigt, da musst du deine neuen Kleider tragen.« Nun gut, so sollte er also zur Beerdigung gehen, und die Frau half ihm in die Kleider, da sie so fein waren, dass er sie in Fetzen gerissen hätte, wenn er sich allein angekleidet hätte.

Als er zum Leichenschmaus auf der Farm ankam, hatten alle schon viel und kräftig getrunken, und ich möchte behaupten, die Trauer nahm nicht zu, als sie ihn mit seinen neuen Sonntagsausgehkleidern erblickten.

Als sie dann auf dem Weg zum Friedhof waren, und der Tote durch die Luftlöcher lugte, da bekam er fast einen Lachkrampf. »Ach, da muss ich aber lachen!«, rief er. »Wenn das nicht der alte Ola Südfarm bei meiner Beerdigung ist, und so nackt wie am ersten Tag!«

Als die Leute in der Beerdigungsprozession das hörten, brauchten sie nicht lange, um den Deckel vom Sarg zu heben. Und der mit den neuen Sonntagskleidern fragte, wie es käme, dass er schwatzend und lachend im Sarg liege, während sie eine Beerdigung für ihn feierten. Es wäre doch wohl passender, wenn er weinte.

»Tränen machen keinen wieder lebendig«, sagte der andere. Je länger sie aber miteinander redeten, um so deutlicher wurde es, dass die Weiber die ganze Angelegenheit unter sich ausgemacht hatten. So gingen die Männer nach Hause und taten das Klügste, was sie je getan hatten. Und wenn jemand wissen will, was das war, so frage er doch die Birkenrute!

Frauen, die ihre Männer zum Narren halten, sind ein klassisches Thema, das häufig in Märchen vorkommt. Im zweiten Kapitel begegneten wir schon der Frau des Menschenfressers, der gefügigen Frau, die nach allen verfügbaren Mitteln greift, um den Ärger oder Rückzug ihres Mannes zu verhindern. Frauen haben ihre Macht traditioneller Weise auf Umwegen benutzt, denn unsere Kultur verlangt, dass die Männer auftreten, als hätten sie die Macht in einer Beziehung. Im Erfinden von Geschichten, Vorheucheln von Gefühlen und in der Flucht in versteckte Manipulationen liegen Möglichkeiten, die sich mit der Zeit bezahlt machen und die Ehefrauen sowohl im realen Leben wie in Märchen benutzt haben, um ihre Ziele zu erreichen und ihr Machtbedürfnis zu stillen.

Am Anfang unserer Geschichte streiten die Frauen darüber, wer von beiden den dümmeren Mann habe. Frauen haben an dieser Art von »Kannst-du-mehr-bieten« häufig Freude, die in ihrer Kombination von Prahlen und Klagen als Sicherheitsventil dient und verhindert, dass der Groll gegen den Mann zu vehement wird. Die Versuchung, jemand anderen zu übertrumpfen, bringt, außer dass sie die Langeweile vertreibt, noch die Beruhigung, dass andere Frauen genauso unzufrieden sind und andere Männer ebenso ungenügend. Nach einer erfolgreichen Sitzung voller »Schau, was ich mir alles gefallen lassen muss« kann eine Frau wunderbar geläutert und getröstet sein.

Der Kommentar über diese beiden Frauen lautet, dass sie miteinander konkurrieren wollten, indem sie ihre Männer in Verruf brachten. Ob sie glauben, dass sie gewinnen, indem sie ihre Männer erniedrigen? Oder ist das Vergeltung? Die Aufgaben, die sie ausgewählt haben, sind eindeutig Beispiele kolossaler öffentlicher Demütigung für ihre Männer: Der erste Mann wird sogar im wahrsten Sinne des Wortes »auf den Rücken gelegt«. Diese Frauen geben sich nicht damit zufrieden, ihre Männer hinter deren Rücken oder im geheimen zu verspotten; sie tun es vor der ganzen Gemeinde.

Der Kernpunkt der Geschichte ist allerdings die Reaktion der Männer: ihre Unfähigkeit, die eigenen Sinneswahrnehmungen und Erlebnisse zu erfassen und der Echtheit dieser Wahrnehmungen und Erfahrungen zu trauen, selbst wenn andere anderer Meinung sind. Die Frauen sind sehr überzeugend, und die Männer gestatten sich die Überzeugung, dass ihre Frauen besser wissen, was mit ihnen geschieht als sie selber. Der erste Mann nimmt seine Frau bezüglich der eigenen Gefühle beim Wort. Der zweite lässt seine Frau bestimmen, was er sieht. Sobald die Männer die Information akzeptieren, die ihrer eigenen Erfahrung widerspricht, sind sie in Gefahr.

Fühlen und Sehen, ja eigentlich die Erregung eines jeden Sinnes oder Gefühls, sind die persönlichen Mittel eines Individuums, auf das zu reagieren, was in der Welt ringsum passiert. Wenn jemand seine subjektive Erfahrung abwehrt oder leugnet, verzichtet er zu einem gewissen Grad auf seine Fähigkeit zu reagieren. Er gibt im wahrsten Sinne des Wortes die Fähigkeit zu antworten auf\*) und verlässt sich darauf, dass jemand anderes ihm sagt, wie es ihm geht, oder wie es mit der Welt steht, also für ihn antwortet.

Der erste Mann erlaubt seiner Frau, ihn zu überzeugen, dass er bereits in einen Sarg gelegt werden müsse. Nun ist dies sicherlich übertrieben, es ist aber keineswegs ungewöhnlich, dass B von A überzeugt wird, dumm zu sein oder nichts von Kindern zu verstehen oder keinen Sinn für Werte oder Geschmack für Kleider zu haben oder unfähig zu sein, mit Geld umzugehen, oder auch in sexuellen Dingen unempfindlich zu sein. Gewöhnlich besteht zusätzlich die Vorstellung, dass eine Verbesserung auf diesen Gebieten ausgeschlossen sei. »Du wirst dich nie ändern.« Aber A kann ja glücklicherweise einspringen. Dies sind die häufigsten Beispiele, wo der Ehepartner darauf besteht zu wissen, wie es dem anderen geht oder gehen soll, wie er fühlt oder fühlen soll. Durch Beleidigung oder Entrüstung, die sich auf die subjektive Erfahrung des anderen und seine Fähigkeit zu reagieren richten, wird versucht, jemanden zu erniedrigen und sein Selbstbewusstsein zu unterminieren. Und wenn das Selbstbewusstsein eines Menschen geschwächt ist, wird er sich im Laufe der Zeit immer mehr auf den anderen verlassen, der für ihn antwortet und für ihn Verantwortung übernimmt. Er liefert sich stückweise aus, indem er die eigene Obhut langsam dem Partner übergibt.

Dieser Prozess beginnt nicht erst in der Ehe; häufig wird ein solches Muster schon von den Eltern begonnen. Sie nehmen ihren Kin-

---

\*) Engl. response/ability = responsibility: Verantwortung [A. d. Ü.]

dern die Freiheit, indem sie ihnen das Recht eines unabhängigen Daseins mit subjektiver Realität absprechen. Die Kindheit ist die Zeit, in der wir lernen, der Gültigkeit des eigenen Erlebens, unseren Wahrnehmungen und Intuitionen zu trauen; und das ist auch die Zeit, in der wir durch einen Mangel an Bestätigung durch unsere Umgebung dieser Fähigkeit, uns selbst zu trauen, beraubt werden können. Unsere Erfahrungen in der Schule bestätigen nur zu oft die Einstellung, dass jemand anderes besser weiß als wir, was wir wollen, was wir brauchen und wie wir sind: jemand außerhalb unserer selbst wird die Verantwortung für uns übernehmen.

Wenn wir aufhören zu reagieren und unser subjektives Erleben durch das Urteil eines anderen ersetzen, dann geben wir gewissermaßen die Kontrolle über uns und unser Leben aus der Hand. Wenn man erst einmal die Verantwortung aufgegeben hat – sie übergeben hat –, wird der andere bei Misserfolgen zur Zielscheibe. Deine Worte und Handlungen sind nicht mehr Ausdruck deiner Gefühle und Gedanken, sondern eher der Versuch, Forderungen und Wünschen eines anderen nachzukommen. Anstatt dich auszudrücken, beeindruckst du andere. Welch eine Falle für beide Partner!

Die zänkischen Weiber ziehen aber nicht nur aus der Dummheit ihrer Männer Vorteile. Sie missbrauchen das Vertrauen, das ihre Männer in sie haben. Das Thema Vertrauen ist nicht leicht. Was heißt es, jemandem zu vertrauen? Vertrauen ist ein Teil all unserer persönlichen Folklore: »Ich glaubte, ich könne dir vertrauen.« – »Nun kann ich dir nie wieder vertrauen.« – »Vertraust du mir? Nun, dann ist kein Anlass zur Sorge, oder?« – »Meine Mutter sagte, ich solle dir nicht trauen.«

Alles vertraute Sätze, doch was bedeuten sie eigentlich? Bedeuten sie für Sprecher und Angesprochenen das gleiche? »Ich dachte, ich könne dir vertrauen« heißt gewöhnlich »Ich verließ mich darauf, dass du meinen Erwartungen entsprechen würdest.« Dem Angesprochenen stellt sich das anders dar, nämlich als Anschuldigung und Vorwurf: »Du hast dich schlecht benommen, und ich weiß nicht, ob ich dich jemals wieder liebhaben kann.« Was kann man auf solch eine Drohung, verlassen zu werden und einsam zu sein, noch erwidern? Sie führt unvermeidlich zu Schuldgefühlen und defensivem Verhalten.

»Es tut mir leid. Ich will es nie wieder tun«, oder »Es ist mir egal. Ich brauch dich sowieso nicht«, wobei keines von beiden völlig der Wahrheit entspricht.

»Vertrauen« ist in der Ehe ein verschwommener Begriff, und es fällt schwer, präzise darüber zu reden. Uns ist, wenn wir mit unserem Partner zusammen sind oder über ihn nachdenken, gefühlsmäßig klar, wann wir ihm vertrauen. Diese Gefühle basieren auf gewissen Annahmen gegenüber Menschen im Allgemeinen und unserem Gefährten im Besonderen.

Ist es der andere, der uns im Stich gelassen hat, wenn unser Vertrauen erschüttert wird? Oder ließen wir uns durch unsere falschen Vorstellungen in die Irre führen?

Eine Frau erzählt, dass ihr Mann, als er merkte, dass sie ihn schamlos angelogen hatte, sich maßlos aufregte. Zu seiner Überraschung antwortete sie schlagfertig: »Ich habe nie behauptet, ehrlich zu sein.« Wie sicher ihr mit euren Annahmen über euren Partner geht, hängt davon ab, wie gut ihr ihn kennt. Die Männer der zänkischen Weiber werden aufgrund der vermutlichen Unehrlichkeit ihrer Frauen in Zukunft sehr wahrscheinlich auf der Hut sein. Falls sie nicht noch dümmer sind, als wir bereits wissen, werden sie durch die Erfahrung etwas über ihre Frauen gelernt haben, was das künftige Bild von ihnen realistischer gestalten wird. Sie sind dann nicht mehr so leichtgläubig.

Da liegt der Schlüssel. Je mehr wir über jemanden wissen, um so mehr gründet sich unser Vertrauen in ihn auf Realität anstatt auf Phantasie.

Neben der absichtlichen Unehrlichkeit in der Geschichte gibt es noch eine Unehrlichkeit, die daraus resultiert, dass man nicht bewusst wahrnimmt, was man beabsichtigt. »Ich will das nie wieder tun«, kann man jederzeit sehr ernsthaft sagen; man hat es versprochen; man hat »den festen Willen«, das Versprechen zu halten. Und was passiert dann? Du merkst, wie du dein Wort brichst. Du scheinst zwei Seelen in dir zu haben, die gegeneinander arbeiten. In der Tat beruht Integrität auf Selbstwahrnehmung.

Mit dem Wort »Versprechen« kommen wir zu einem weiteren Punkt. Wir hören manchmal ein Versprechen, wenn gar keins gegeben wird. Hier ein Beispiel: Eine Frau suchte einen Therapeuten, nachdem sie kurz nach der Hochzeit durch Träume von ihrem Vater beunruhigt wurde, der kürzlich gestorben war. Ihr Mann fand die Idee dermaßen lächerlich, dass sie sich davon abbringen ließ, Hilfe zu suchen. In den folgenden Jahren erlebte sie mehrfach Situationen, in denen sie gern einen Fachmann um Rat gebeten hätte, da sie aber wusste, wie ihr Mann über Therapeuten dachte, »stand sie über« ihren Problemen und machte weiter, wie er es von ihr erwartete. Die unausgesprochene Botschaft des Mannes lautete: »Ich kann meine Probleme lösen und erwarte von dir dasselbe. Ich würde nie einen Fachmann um Rat fragen.« Unterdessen bekam ihr Mann eine schwere Depression und suchte auf Anraten eines Freundes einen Therapeuten auf. Als er seiner Frau erzählte, dass er einen Berater aufgesucht habe, wurde sie wütend. Er war durch ihre wütende Reaktion überrascht und verwirrt. Es wurde ihm nicht klar, dass sie sein Vorgehen als kolossalen Betrug erlebte.

Hier ein weiteres Beispiel, wo ein Versprechen gehört wird, wenn gar keins gegeben wird: Eine Frau hört zu Anfang ihres gemeinsamen Lebens, wie ihr Mann eine Bemerkung über einen Kollegen macht: »Der Kerl betrügt seine Frau, noch dazu, wo sie so ein lieber Mensch ist.« Sie hört: »Solange du eine liebe Frau bist, hab ich kein Interesse an anderen Frauen. Wenn ich das täte, wäre ich ein ganz übler Kerl.« Der Mann hat nichts versprochen; lediglich seine Frau hat seine Bemerkung in das gewünschte Versprechen verwandelt. Wenn dieses »Versprechen« gebrochen wird, fühlt sie sich doppelt hintergangen. Fünf, zehn oder fünfundzwanzig Jahre lang war sie die bestmögliche Frau und muss nun herausfinden, dass sie den Erwartungen ihres Mannes offensichtlich nicht entsprochen hat. Ihr wird nicht nur die versprochene Belohnung, ein treuer Ehemann, verweigert, sondern sie sieht sich auch dem Gefühl ausgeliefert, irgendwie selbst schuld und obendrein das Opfer einer Heirat mit einem schlechten Kerl zu sein.

Diese beiden Frauen hatten das Gefühl, als werde ihnen der Boden unter den Füßen weggezogen. Aus jedem der Märchen wissen wir aber, dass beide Partner an dem, was sich zwischen ihnen ereignet, ihren Anteil haben. Zwar haben die Männer in diesen Beispielen vielleicht am Boden gezogen, die Frauen haben sich aber zack! genau in die Mitte gestellt.

So gern möchten wir unserem Partner trauen, dass er sich an eheliche Vereinbarungen hält, selbst wenn diese nie ausgesprochen werden, dass er Versprechen, die wir vernahmen, einhält, selbst wenn nie ein Versprechen gegeben wurde. Wir möchten vertrauen, dass er ehrlich ist, selbst wenn Ehrlichkeit ein Maß an persönlicher Integration erfordert, das er noch nicht erreicht hat.

Letztendlich können wir vielleicht nur darauf vertrauen, dass jeder vollständig er selber ist, ein Mensch mit all den Qualitäten und Fähigkeiten, die man haben kann, um zärtlich und hart, schwach und stark, heiter und stürmisch, kooperativ und widerstandsfähig, liebevoll und unparteiisch zu sein oder eins der tausend anderen Attribute zu besitzen. Im Idealfall können wir einander nur trauen, dass wir reagierende, verantwortliche Menschen sind, Menschen, die das starre Konzept von sich selbst und den anderen hinter sich gelassen haben und offen sind für Flexibilität und Veränderung.

Unser Märchen »Dumme Männer und zänkische Weiber« endet damit, dass die Männer nach der Birkenrute greifen, ein für Märchen nicht ungewöhnliches Ende. In fast allen Fällen waren die Männer gegenüber den Frauen körperlich im Vorteil, und sie haben damit offen oder versteckt gedroht. Die Frauen haben hingegen ihr Können auf dem Gebiet der Intrige und Sabotage entwickelt, was wir in dieser oder anderen Erzählungen sahen. Der Streit darüber, was zuerst da war, ist eine sinnlose Übung in geistiger Gymnastik, die nicht dazu beiträgt, Unterschiede zwischen den Partnern aufzuheben.

In jeder Ehe, in der die Partner beim Anklagen und Verteidigen stecken geblieben sind, hörten wir folgendes: »Wenn du das nicht getan hättest, hätte ich dies nicht getan.« – »Ja, aber du hast dies zuerst getan, darum habe ich jenes getan.« Oder: »Wenn du nicht so wärest, wäre ich nicht so.« Frauen mögen sagen: »Wenn die Männer nicht ihre größere körperliche Stärke besitzen würden, auf die sie immer wieder zurückgreifen können, bräuchten wir Frauen nicht hintenherum zu sein.« Und die Männer werden antworten: »Wenn ihr Frauen geradeheraus mit euren Gefühlen wäret, wären wir nicht so frustriert, dass wir Zuflucht zu körperlicher Gewalt nehmen müssten.« Und wir hören wieder: »Mir kannst du keinen Vorwurf machen, es ist alles deine Schuld.« Solange wir nicht aufhören, uns zu verteidigen und Vorwürfe zu machen, aufhören, einfache und leichte Antworten zu erwarten, so lange bleiben wir stecken und drehen unser Spinnrad nur in starren, freudlosen Beziehungen.

Einfache, leichte Antworten lernten wir im ersten Schuljahr kennen. Es ist sicher schwer, das Genaue, Klare und Bestimmte – das, was man schwarz auf weiß besitzt – hinter sich zu lassen. In einer intimen Verbindung bist du aber Thema: zweideutig, kompliziert, vielfältig und wandelbar. Du kannst dich lediglich auf deine eigene Erfahrung verlassen. Damit ausgerüstet, könnt ihr euch, manchmal ungeschickt und stolpernd das ist nur menschlich –, verständnisvoll und verantwortlich aufeinander zu und voneinander weg bewegen.

**Fragen zu Kapitel 6**

1. Hast du jemals dein eigenes Erleben durch das Urteil eines anderen ersetzt?

   _____

   _____

2. Warst du im Laufe der Zeit mit diesem Urteil einverstanden?

   _____

   _____

3. Wem vertraust du am meisten im Leben?

   _____

   _____

4. Was würdest du diesem Menschen zum Beispiel anvertrauen, was nicht?

   _____

   _____

## Wahrnehmungsübung zu Kapitel 6

Sorgt dafür, dass diese Übung locker und humorvoll bleibt. Spielt herum, habt Spaß dabei.

Setzt euch einander gegenüber. Entscheidet, wer anfängt. Wechselt euch jeweils mit einer Bemerkung ab, indem ihr den Satz mit »Schau, was ich mir alles gefallen lassen muss« anfängt.

Beispiel: Schau, was ich mir gefallen lassen muss, einen Partner, der schnarcht!

Beispiel: Schau, was ich mir gefallen lassen muss, einen Partner, der die Socken auf dem Fußboden liegen lässt!

Beispiel: Schau, was ich mir alles gefallen lassen muss, einen Partner, der die Kartoffeln anbrennen lässt!

Wechselt euch weiter ab, bis euch kein »Schau, was ich mir gefallen lassen muss« mehr einfällt.

### Fragen zum Wahrgenommenen

● Hat dein Partner Bemerkungen gemacht, die dich verletzt haben? Kannst du darüber sprechen, ohne dich zu verteidigen oder dem Partner Vorwürfe zu machen?

● Kannst du, wenn dein Partner sagt, dass ihm eine oder mehrere Aussagen weh getan haben, einfach zuhören und aufnehmen, was gesagt wird, ohne dich zu verteidigen oder deinem Partner Vorwürfe zu machen?

● Diese Übung sollte locker sein. Konntet ihr sie in diesem Sinne durchführen?

## 7. DER HERR IM HAUS

Ein Mann hatte eine Meckerziege zur Frau, die ihn den lieben langen Tag herumkommandierte. Einmal, als mehrere Freundinnen bei ihr vorsprachen, wollte sie gern vor ihnen prahlen, wie sie ihren Mann völlig im Griff habe.

»*Schlemihl*«,\*) befahl sie, »unter den Tisch!« Wortlos kroch der Mann unter den Tisch.

»Nun komm hervor, *Schlemihl!*«, befahl sie erneut.

»Ich will nicht, ich will nicht!«, trotzte er voller Ärger. »Ich werd's dir zeigen, noch bin ich hier der Herr im Haus!«

Ein ungewöhnlicher Ort, um die eigene Macht zu beweisen! Würde Schlemihl aufrecht auf dem Tisch stehen und dann trotzig schreien, so würde er sicher eher unsere Aufmerksamkeit erregen als unser Gelächter. Nun ist er aber unter dem Tisch und zudem in einer Zwickmühle. Bleibt er dort, so bleibt er weiter ein Schlemihl. Kommt er hervor, so befolgt er den Befehl seiner Frau und ist immer noch ein Schlemihl. Immerhin, so unglücklich seine Lage unter dem Tisch auch sein mag, er teilt seiner Frau von dort aus mit, dass sie seine Gefügigkeit nicht mehr für gegeben hinnehmen kann: Er trotzt mit Wort und Tat.

Es war schon immer so, dass Partner wechselseitig Regeln erkannten, die bestimmten, wie man miteinander umgeht: wer Anfragen macht, wer Entscheidungen fällt, wer böse wird, wer den Frieden wiederherstellt. Solche Regeln werden selten offengelegt; auch

---

\*)   Schlemihl (jidd.): unbeholfener Mensch, Pechvogel [A. d. Ü.]

werden sie nur selten in der Öffentlichkeit besprochen. Herr und Frau Schlemihl haben niemals eigens vereinbart, dass sie der Chef ist und er ihren Befehlen Folge zu leisten hat, und doch sind beide mit den Regeln einverstanden und ordnen sich ihnen unter. Solange die Regeln eines Spiels von beiden Seiten beachtet werden, geht nichts schief. Für das Paar in unserer Geschichte schien das bis dahin auch der Fall gewesen zu sein.

Doch plötzlich ruft Schlemihl unter dem Tisch hervor »Ich will nicht!« Ohne diese Reaktion gäbe es in ihrer Ehe keine Veränderung, und wir hätten keine Geschichte. Jede Geschichte und jede erneute Verhandlung über die Regeln hat ihren Ursprung in einer Veränderung des Gleichgewichts. Weil Schlemihl ganz unerwartet entscheidet, dass er das Spiel nicht mehr mitmachen will, entsteht für uns eine Geschichte. Frau Schlemihl hat die Krise selbst heraufbeschworen, indem sie die Regeln sehr weit auslegte: Sie kommandiert ihren Mann vor ihren Freundinnen herum. Sie hat die übliche Besetzung mit zwei Rollen einfach erweitert, so verliert Schlemihl vor den Freundinnen seiner Frau das Gesicht.

Er wird trotzig. Er gibt seiner Frau zu verstehen, dass er mit der Veränderung der Regeln nicht einverstanden ist. Und wenn er nicht mehr mitmacht, ist die Veränderung eben nicht möglich. Denn selbst wenn offensichtlich ist, dass Frau Schlemihl in dieser Ehe beträchtliche Macht hat, so kann sie die Regeln doch nicht allein ändern. Dafür braucht es nämlich beide Partner. Das ist für das Verständnis ehelicher Wechselbeziehungen eine extrem wichtige Tatsache. Um Regeln aufzustellen, braucht es immer zwei.

Der Verlauf einer Beziehung kann nie von einem Partner allein bestimmt werden. Das Wort »Beziehung« widerspricht schon einer solchen Möglichkeit. Es ist vielmehr so, dass das Verhalten, was dem einen gegenüber dem anderen gestattet wird, durch die tagtägliche Wechselbeziehung des Paares bestimmt, wiederholt festgelegt und beibehalten wird. Wenn ein Mann sich beklagt, dass das Abendessen nicht zu einer bestimmten Zeit auf dem Tisch steht und die Frau darauf mit Rechtfertigungen und Entschuldigungen antwortet, dann dient diese Interaktion der Definition ihrer Beziehung und hält das Gleichgewicht zwischen ihnen aufrecht. Und wenn ein Mann später als gewöhnlich zum Abendbrot erscheint und seine Frau dann eine Erklärung wünscht, dann dient das ebenfalls dazu, die Beziehung zu definieren und Rollen und Regeln beizubehalten. In manchen Ehen kann der Mann in einem Restaurant vom Teller seiner Frau essen, umgekehrt würde sie nie wagen, ohne zu fragen, von seinem Essen zu nehmen. Wenn ein Mann seinen Lohn seiner Frau überlässt, die genausoviel verdient wie er, halten sie sich an gewisse unausgesprochene Regeln, was Macht und Geld anbetrifft. Andauernd werden in einer Beziehung Regeln neu entwickelt.

Die meisten ehelichen Streitgespräche sind, ungeachtet des eigentlichen Themas, ein Versuch, die Beziehung in Bezug auf die Macht zu definieren: Wer ist »oben« und wer ist »unten«. In der Geschichte von Schlemihl war ständig die dominierende Frau oben und ihr Mann unten. Nun rüttelt er an den Grundfesten ihrer Beziehung; sie müssen neu über die Regeln verhandeln. Im dann folgenden Streit im Haushalt der Schlemihls (den wir uns schon vorstellen können) wird es scheinbar darum gehen, ob der Mann nun unter dem Tisch hervorkommt oder nicht. In Wirklichkeit geht es natürlich darum, wer die Macht hat.

Das Gefühl der Frustration, das meist auf einen Streit folgt, rührt oft daher, dass man sich mit einem Scheinthema befasst hat – zum Beispiel, ob Herr Schlemihl nun unter dem Tisch hervorkommt oder wer dran ist, den Hund zu füttern. So streiten Partner über Tatsachen und Taten; jeder beharrt auf seinem Recht und versucht den andern davon zu überzeugen. Und so seltsam es auch scheinen mag, selbst wenn der eine Fakten hat, um zu beweisen, dass er recht und der andere Unrecht hat, so bewirken diese Fakten oft überhaupt nichts. Demjenigen, der »Recht« hat, dienen sie vielleicht zur momentanen Befriedigung, die Frustration bleibt aber bestehen. Die grundlegende und drängende Frage, wie beide sich in der Beziehung fühlen, bleibt oft unangesprochen.

Solange wir bekommen, was wir wollen, kümmert es uns wenig, wer Recht hat oder wer die Macht hat. Wenn wir uns geliebt, begehrt und geschätzt fühlen, einfach so, wie wir sind, dann ist das Leben schön. Wenn wir aber die Blicke, die Berührungen vermissen, die uns sagen, dass wir etwas Besonderes sind, dann neigen wir dazu, den

Menschen, die uns am nächsten stehen, Vorwürfe zu machen. Denn sie sind uns bequem, und sie sind diejenigen, von denen wir etwas wollen. Wenn sie uns die Zärtlichkeit verweigern, nach der wir uns so sehnen, machen wir zwar keine direkten Vorwürfe. Wir beschweren uns eher über etwas, worüber man leichter sprechen kann. So beschuldigen wir zum Beispiel unseren Partner, dass er so eigenwillig sei. Oder wir streiten uns darüber, wer sich wie ein verwöhntes Kind benimmt oder wer den Boss spielen will. Um zu beweisen, dass wir Recht haben, konstruieren wir Fälle, als würde das Leben sich im Gerichtssaal abspielen. Wir werden Experten im Erklären, Rationalisieren und Rechtfertigen, so beim Beantworten von Fragen wie »Warum hast du das getan?« oder »Warum fühlst du so?«. Solche Fragen bedeuten leicht »Musst du so sein, wie du bist?«. Sie bilden die Punkte, die das Ziel umgeben. Im Visier haben wir dann die Themen der Beziehung: was wir voneinander wollen und brauchen.

In unserer Geschichte kann Frau Schlemihl die Tatsache, dass ihr Mann nicht mehr unter dem Tisch hervorkommen will, als Waffe gegen ihn benutzen. Eine Frau kann doch nicht mit einem Mann verheiratet sein, der nicht unter dem Tisch hervorkommen will! Sie kann einen Fall konstruieren, der sie und ihre Freundinnen überzeugt, dass sie wirklich ganz unschuldig ist und dass ihr Mann nicht nur dumm ist, sondern auch noch den Fehler begeht, das harmonische Beisammensein zu stören. In solch einem Fall wäre es aber sicher nützlicher, das Verteidigen und Anklagen einmal zu lassen und das zu betrachten, was passiert. Wenn sich beide einen Augenblick vom Spiel zurückziehen würden, hätten sie einen besseren Überblick, um zu beobachten, was zwischen ihnen geschieht. Sogar sie selbst, die Protagonisten, könnten ob ihrer eigenen Absurdität vielleicht in Gelächter ausbrechen.

Das Verhaltensmuster, nach dem Herr und Frau Schlemihl in unserer Geschichte einander schamlos als Werkzeug zur Erfüllung der eigenen Bedürfnisse benutzen, ist wahrscheinlich ganz besonders destruktiv. Ganz wie die Frau des Menschenfressers im zweiten Kapitel durch ihre Haltung und ihr Tun zur Tyrannei beiträgt, spielt Herr Schlemihl mit beim Bedürfnis seiner Frau nach absoluter Macht, während sie wiederum seinem Bedürfnis, beherrscht zu werden, nachgibt.

In der geschlossenen und verwickelten Verbindung, die eine Ehe darstellt, kommen zahllose Themen auf, welche die Regeln des Zusammenlebens festlegen: wer auf welcher Seite des Bettes schläft, wer über das Geld verfügt, wer entscheidet, wann man miteinander schläft, wohin man in den Ferien fährt, wer wen unter welchen Bedingungen kritisieren darf. Manch wilder Streit wurde schon durch diese Fragen hervorgerufen.

So werden Entscheidungen gefällt, Streitfragen beigelegt oder auf den Tisch gebracht, manchmal sind beide Seiten befriedigt, manchmal bleibt ein Rest an Groll zurück. Wenn sich Groll ansammelt oder die Umstände sich anderweitig ändern, dann sind neue Vereinbarungen notwendig. Manche Meinungsverschiedenheiten werden der Kategorie »bereits behandelt« zugeordnet. Andere kommen in die Kategorie »zu gefährlich«. Gelegentlich werden Streitfragen in einer Beziehung auch mittels Themen kanalisiert, die als »sicher« angesehen werden.

Indem Herr Schlemihl seiner Frau das Recht streitig macht, die ganze Macht zu besitzen, und das zudem noch vor ihren Freundinnen, tut er einen gefährlichen Schritt. Das Gesicht zu verlieren, ist niemals leicht. Und was noch wichtiger ist, er versucht das vielleicht wichtigste Gesetz ihrer Ehe zu ändern. An der Stelle, wo er sagt: »Ich will nicht!«, definiert er die Beziehung neu – nicht für immer, vielleicht nur für den Augenblick, da die Antwort seiner Frau unserer Phantasie überlassen bleibt.

»Ich werd's dir zeigen, noch bin ich hier der Herr im Haus!« ist mehr als nur ein ironischer Schachzug. Der Mann teilt uns nämlich etwas sehr Fundamentales mit. Er sagt, dass, hintergründig betrachtet, er eigentlich die ganze Zeit der Herr war. Per definitionem ist ein Herr jemand, dem ein anderer zu Willen ist. Von Schlemihls Seite aus betrachtet ist ihm genau das gelungen. Er hat seine Frau erfolgreich dahin gebracht, die Macht zu übernehmen, und ihm dabei noch zu gestatten, Schlemihl zu bleiben und keine Verantwortung für sich als Mann zu übernehmen.

Gleichzeitig müssen wir aber daran denken, dass es immer zwei braucht, um eine Beziehung zu definieren. Auch sie war nämlich Herr und bekam, was sie am meisten wollte, die äußere Macht. Es scheint also, als ob jeder von beiden sowohl Herr als auch Sklave war.

Hier nun ein ähnliches Beispiel aus dem wirklichen Leben, zur Erinnerung daran, dass solche Dinge nicht nur im Märchen geschehen. Es ist der Associated Press vom Oktober 1978 entnommen:

Zwanzig Jahre lang schrieb Antonio Dos Santos seiner Frau Rosamunde jeden Tag ein Liebesgedicht.
Als der Richter John Latey hörte, dass der in Portugal geborene Dos Santos die Gedichte nicht geschrieben hatte, um die ehelichen Freuden mit seiner Frau feierlich zu untermalen, sondern weil die dominierende Ehefrau erwartete, dass ihr »sanfter und zärtlicher Mann« sie schrieb, da entschied er trotzdem für Scheidung.
Dos Santos habe so gehandelt, weil er hoffte, seine Frau werde ihn dann in Frieden lassen, meinte der Richter.
»In jeder Sparte des Lebens bestimmte sie über ihn, und alles musste nach ihrem Willen gehen«, sagte Latey. Sie habe ihn in der Ehe völlig »überwältigt« und ihn zu »ihrem Geschöpf« gemacht.
So gestand der Richter Dos Santos die Scheidung zu und sagte, die Frau habe sich bar jeder Vernunft verhalten.

Was nach zwanzig Jahren geschah und die Regeln in diesem Haushalt veränderte, darüber können wir nur Vermutungen anstellen.

In beiden Geschichten finden wir ein Beispiel für die verrückten Händel, auf die wir uns auf unserer Suche nach Heilem und Sicherem einlassen. Die Manipulation bei Paaren hat viele Formen. Nicht alle werden unter dem Tisch ausgespielt, doch alle beruhen auf dem Gefühl, dass wir unzulänglich sind, unfähig, uns selbst ein zufriedenstellendes Leben einzurichten, sei es mit diesem Partner oder ohne ihn.

**Fragen zu Kapitel 7**

1. Worin fühlst du dich am meisten als Sklave?

   _____

2. Gehen die »zu gefährlichen« Themen deine Beziehung an?

   _____

3. Welche von den Regeln oder Vereinbarungen mit deinem Partner findest du fair? Welche unfair?

   _____

   _____

   _____

4. Welche Regel oder Vereinbarung hättest du gern, die du jetzt nicht hast?

   _____

5. Was hindert dich, darum zu bitten?

   _____

## Wahrnehmungsübungen zu Kapitel 7

1. Jeder überlege sich eine Regel in eurer Beziehung und schreibe sie dann auf ein Blatt Papier, die sich auf eins der folgenden Dinge bezieht:

   a) Arbeit
   b) Geld ausgeben
   c) Essen

2. Besprecht die Regeln jeweils einzeln und benutzt dazu folgendes Muster:

   ● Habt ihr schon jemals über diese Regel gesprochen?
   ● Habt ihr beide etwas von dieser Regel?
   ● Wer hat mehr davon?

   Erinnert ihr euch, wer die Regel einführte? Und wie geschah das?

   Da jeder eine eigene Erfahrung und Erinnerung hat, werdet ihr erwartungsgemäß in dieser Besprechung nicht völlig miteinander übereinstimmen.

   ● Könnt ihr darauf trauen, dass das, was euer Partner sagt, für ihn von Wert ist?
   ● Könnt ihr annehmen, dass ihr nicht vollständig einverstanden seid?
   ● Oder möchtet ihr den andern überzeugen, dass ihr »Recht« habt?

Falls es zutrifft, dass einer von beiden wegen irgendeiner Regel einen Groll hegt, dann fahrt folgendermaßen fort:

1. Formuliert euren Groll klar und kurz. Zum Beispiel: Ich habe etwas dagegen, dass ich über das Geld, das ich ausgebe, abrechnen muss und du nicht. **Wichtig!** Vergesst nicht, Groll ist ein Gefühl. Er mag »unfair« oder unlogisch erscheinen; oder auch »unverständlich». Hinter jedem Groll liegt eine unausgesprochene Forderung. Auch Forderungen brauchen nicht »fair« oder logisch oder verständlich zu sein. Auch braucht der Partner auf die Forderung nichts zu versprechen oder ihr nachzugeben. Trotzdem ist es wichtig, dass Forderungen klar und direkt formuliert werden; sonst tauchen sie, wie der Groll, heimlich auf.

2. Formuliert die Forderung, die unausgesprochen im Groll enthalten ist. Zum Beispiel: Ich verlange, dass ich für das Geld, das ich ausgebe, keine Rechenschaft mehr ablegen muss.
So seltsam es erscheinen mag, jeder Groll geht mit etwas einher, was man mag. Manchmal mag man das nur schwer anerkennen oder überhaupt spüren. Etwas zu schätzen ist, ebenso wie grollen, Ausdruck eines Gefühls; das muss also nicht logisch sein. Wie das untenstehende Beispiel zeigt, mögen wir das, was wir schätzen, manchmal nicht einmal.

3. Formuliere etwas, was du schätzt, das im Zusammenhang mit etwas steht, wogegen du grollst.
Zum Beispiel: Ich schätze es, dass du das ganze Geld verdienst und so hart arbeitest.

### Fragen zum Wahrgenommenen

- Kannst du den Groll deines Partners hören?

- Kannst du die Erfahrung deines Partners anerkennen, selbst wenn sie deiner nicht gleicht?

- Kannst du dir vorstellen, in einer ähnlichen oder unähnlichen Situation solche Gefühle zu haben?

- Kannst du den Groll deines Partners anhören, ohne das Gefühl zu haben, deswegen etwas tun zu müssen? Und die Forderung?

# 8. VON DER FRAU, DIE IMMER DAS GEGENTEIL WOLLTE

Ein Bauer wurde wegen Mordes an seiner Frau vor Gericht gestellt. Nachdem der Richter den ganzen Nachmittag mit ihm gesprochen hatte, meinte der Bauer: »Es wird Zeit, dass ich heimgehe und die Tiere füttere. Aber vorher wollt ihr noch wissen wollen, wie sich alles zugetragen hat.«

Der Richter antwortete: »Danach fragten wir doch den ganzen Nachmittag.«

»Nun gut«, sagte der Bauer, »das ging so. Meine Frau gehörte zu der Sorte, die immer das Gegenteil will. Als wir eines Sonntagmorgens zu spät aufgestanden waren, meinte ich: ›Heute gehen wir nicht in die Kirche, dazu ist es zu spät geworden.‹«

»Da meinte sie: ›Sicher gehen wir, wie immer. Mach dich fertig, dann gehen wir.‹«

»Als wir dann losgingen, sagte ich: ›Sollen wir den nächsten Weg nehmen?‹«

»Und sie meinte: ›Nein, wir nehmen genau den Weg, den wir immer nehmen.‹«

»Wir gingen also den von ihr gewünschten Weg, und als wir über eine Holzbrücke laufen mussten, sagte ich zu ihr: ›Ich geh zuerst und schau, ob alles sicher ist.‹«

»Sie sagte: ›Nein, das lässt du sein. Ich geh zuerst, so wie immer.‹«

»Und als sie die Brücke halbwegs überschritten hatte, stürzte jene ein und die Frau fiel ins Wasser. Und da ich dachte, sie würde auch jetzt noch das Gegenteil tun, rannte ich, so schnell ich konnte, stromauf. Sie war aber so verrückt aufs Gegenteil versessen, dass sie die andere Richtung nahm. Als ich sie dann schließlich rauszog, war sie tot. Ihr ganzes Leben lang hat sie das Gegenteil getan«, sagte er.

Ist dieser Bauer dumm? Oder ist er ganz besonders schlau? Im Wesentlichen erzählt er dem Richter, dass nicht er die Schuld trägt, dass seine Frau ertrunken ist. Da er, als sie mit der Brücke hinunterfiel, annahm, wie gewöhnlich werde sich ihr Oppositionsgeist melden, lief er stromauf, um sie zu suchen. Und, schau sich einer das an, da war sie stromab getrieben.

»Meine Frau war von der Sorte, die immer das Gegenteil will«, erzählt der Bauer dem Richter. Nach seiner Darstellung sieht das dann so aus: Er macht Vorschläge, sie bestimmt. Nicht durch ihren Wunsch bedingt, irgend etwas Spezielles zu tun oder zu erreichen, bricht ihr Widerstand hervor, sondern allein durch den Impuls, einen momentanen Triumph zu haben. Sie strebt vornehmlich danach, ihren Willen zu beweisen. Will sie überhaupt in die Kirche gehen? Ist ihr wichtig, welchen Weg sie gehen? Vielleicht weiß sie überhaupt nicht, was sie will, außer, dass sie bestimmen und ihren Mann beherrschen und ihm jeden Wunsch sofort abschlagen kann.

Die Taktik von Frau Gegenteil besteht darin, erst darauf zu warten, dass ihr Mann etwas sagt, und ihm dann zu widersprechen. Keiner seiner Vorschläge ist annehmbar; nie ist etwas richtig, was er tut. Solche Frauen kann man unmöglich zufriedenstellen. Hilft er in der Küche, scheucht sie ihn aus dem Weg. Hilft er nicht in der Küche, beklagt sie sich. Schlägt er vor, dass sie zum Essen ausgehen, schimpft sie mit ihm, er wolle nur Geld zum Fenster hinauswerfen. Führt er sie nicht zum Essen aus, nörgelt sie, dass sie nie ausgehen. Immer ist sie zur Stelle, um seinen Ballon mit ihren Spitzen zum Platzen zu bringen.

Für seine Oppositionsfrau ist der Bauer das perfekte Gegenstück. Er fällt jedes Mal auf sie herein. Trotz all der Ideen, was sie tun könnten und sollten, klingt seine Stimme kleinlaut. Und jedes Mal, wenn Frau Gegenteil den Mund aufmacht, verstummt er sogar völlig.

Ob der Bauer wohl jemals eine Meinung vertreten hat? Hat er

wohl jemals zurückgeschlagen? Wenn wir ihm jetzt begegnen, fehlt ihm jegliches Rückgrat. Weder für das, was sie als Paar tun, noch für sein eigenes Handeln, übernimmt er Verantwortung. Er ist eindeutig ein »Selbstverteidiger«. Immer, wenn etwas schiefgeht, antwortet er unmittelbar: »Ich hab nur das getan, was meine Frau mir gesagt hat.« Und da er keine Entscheidungen trifft, hat er auch an nichts Schuld. Man kann ihm nichts vorwerfen, nicht mal den Tod seiner Frau.

Und so profitiert der Bauer aus der Beziehung zu seiner Oppositionsfrau. Im Bewusstsein, dass seine Frau immer das Gegenteil tut und ihn wieder auf den rechten Weg bringt, kann er dumm, unvernünftig oder zügellos sein. Er kann so bleiben, wie er ist, ohne Tadel, ohne Rückgrat, ohne jemals für eine Meinung oder Tat Verantwortung zu übernehmen. Er kann seine Frau sogar manipulieren, indem er sich nämlich auf ihre Opposition verlässt und so bekommt, was er will; indem er vorschlägt, den sonntäglichen Kirchbesuch ausfallen zu lassen, zielt er zum Beispiel vielleicht darauf hin, doch zu gehen.

Erinnern die beiden dich an andere Paare, denen du in Märchen begegnet bist? Die Frau, die immer das Gegenteil tut, und ihr Mann sind, was die Reduzierung ihrer Beziehung auf eine starre, sich wiederholende Routine anbelangt, der sie sich nicht entziehen können, in umgekehrter Weise dem Menschenfresser und seiner Frau und in gleicher Weise dem Fischer und seiner Frau ähnlich. Sowohl die Fischersfrau wie die Oppositionsfrau unterwerfen ihre Männer den eigenen Forderungen. Die Fischersfrau hat allerdings weit höhere Bestrebungen als die Frau dieses einfachen Bauern. Sie will die Welt und den Himmel beherrschen. Die Oppositionsfrau beschränkt sich, wie Frau Schlemihl, darauf, ihren Mann zu beherrschen.

Und doch ist etwas an dieser Geschichte, was die andern nicht haben. In dieser Erzählung begegnen wir nämlich zum ersten Mal jemandem, der sich auf eine lang bestehende Kenntnis des Partners beruft. So etwas wie »Mein Mann ist schon immer ein Tyrann gewesen« hören wir von der Frau des Menschenfressers nicht. Auch lässt der Fischer keine Bemerkung über die notorische Gier seiner Frau fallen. Hier haben wir aber einen Bauern, der sagt, seine Frau habe »schon ihr ganzes Leben lang das Gegenteil getan«. Entweder hat der Bauer seine Frau schon von Kindesbeinen an gekannt, oder sie hatte im Dorf schon einen gewissen Ruf, oder ihre Eltern äußerten sich freimütig über die Opposition: Wahrscheinlich trifft all dies zu. Wichtig ist die Tatsache, dass er, schon als er sie heiratete, von ihr die Vorstellung hatte, sie wolle immer das Gegenteil.

Wenn ein Ehepartner sich vorstellt, der andere sei so oder so – sei er nun widerspenstig, brillant, faul oder dumm –, dann fördert oder intensiviert er diese Eigenschaft oft unbeabsichtigt. Allein die Erwartung einer bestimmten Reaktion vom andern mag sie schon hervorlocken: die Prophezeiung, die sich selbst erfüllt. Der Bauer sieht voraus, dass seine Frau das Gegenteil tut, sie gehorcht glücklich. Dann bemerkt er: »Da haben wir's wieder, du willst das Gegenteil.« Sollte sie wirklich einmal mitmachen oder sich anpassen, dann wird die Chance groß sein, dass er das gar nicht erwähnt. Vielleicht bemerkt er es nicht einmal; denn danach hält er keine Ausschau. Der Bauer kann wirklich für die gegenteilige Reaktion seiner Frau schon die Grundlage schaffen: »Ich nehme nicht an, dass wir versuchen sollten, heute morgen noch rechtzeitig in die Kirche zu kommen.« Nicht nur die Unentschlossenheit, die in dieser Bemerkung liegt, sondern auch das damit einhergehende Achselzucken und sein hilfloser Blick – all dies schreit danach, überstimmt zu werden. So ist der Bauer mit seiner Frau ein Herz und eine Seele und hilft ihr unwissentlich bei der Aufrechterhaltung ihres Oppositionsgeistes.

Durch die stereotypen Vorstellungen, die andere von uns haben, werden wir eingeengt. Und doch ist es die Vorstellung, die wir von uns selbst haben und auf die wir uns festlegen, die das erst möglich macht. »Ich war schon immer herrisch.« – »Ich war schon immer eine Unglücksprinzessin.« – »Ich war schon immer in Opposition.« Wir legen uns fest, eine ganz bestimmte Art von Person zu sein, mit bestimmten Grundsätzen, Fähigkeiten und Verhaltensweisen; diesem Bild unserer selbst versuchen wir dann zu entsprechen. Unser Tun »passt« zu uns. Wir erkennen es wieder und lassen es zu.

Wenn dein Selbstbild zum Beispiel einschließt, ein Quälgeist zu sein, dann kannst du dich am entsprechenden Benehmen erkennen und erfahren. Dein Partner mag wohl sagen: »Du machst hier wirklich einen Haufen Unannehmlichkeiten«, und du wirst rasch zustimmen: »Ja, nicht wahr, darin bin ich gut!«

Manchmal ist zwischen deinem Selbstbild und dem, wie du tatsächlich bist, eine Diskrepanz. Wenn in deinem Selbstbild kein Platz ist, dich selbst als Quälgeist zu sehen, und dein Partner meint: »Du machst hier wirklich einen Haufen Unannehmlichkeiten«, dann ist ein Streit unvermeidlich. Dein Leugnen könnte ungefähr so klingen: »Ich mach 'ne Menge Unannehmlichkeiten hier! Na, das ist ja gut! Ich bin doch der, der so einfach zu haben und so ruhig ist.«

Wir verdrehen und leugnen. Eine Frau, die glaubt, dass sie ihren Mann vollständig annimmt, liebt und unterstützt, hört vielleicht nicht, wie ihre heimliche Kritik herausrutscht. Er hört sie hingegen deutlich und antwortet ärgerlich: »Musst du mir immer sagen, wie ich sein soll?« – »Wer, ich?«, denkt die Frau. »Ich sag ihm doch nie, wie *er* sein soll.« Und dann rechtfertigt sie sich und erklärt:

»Ich hab nur eine Beobachtung mitgeteilt.« Oder: »Ich hab nur meine Meinung gesagt.« Oder: »Ich habe dir nur etwas gesagt und dachte, du möchtest es gern wissen.«

Selbstbilder schränken uns ein. Wir reduzieren uns dadurch selbst zu einem bestimmten Stereotyp. Wenn wir eine Erfahrung machen, die nicht in unser Selbstbild passt, sträuben wir uns gegen das Erlebnis und alle Gefühle, die damit einhergehen. Auf diese Weise bleiben wir uns selbst fremd; nicht anerkannte Aspekte unserer Persönlichkeit beeinflussen uns und unsere Umgebung währenddessen weiter.

Der Bauer und seine Frau sind »Pappfiguren«, auf Gewohnheitsmuster beschränkt, die zu dem Bild, das sie von sich und dem andern haben, passen. Ihre Reaktionen und Gewohnheiten, die ihnen einst von den Umständen, über die sie keine Kontrolle hatten, diktiert wurden, sind mechanisch, zwanghaft und unergiebig geworden. Ihnen fehlt bewusste Aufmerksamkeit.

Dabei müssen sie gar nicht so feststecken. Es ist nie zu spät, etwas Bewusstheit einsickern zu lassen. Es ist jeden Moment möglich, damit aufzuhören, anderen stellvertretend die Schuld zuzuschieben – für unsere Absichten, unsere Gedanken und unser Handeln. Das erfordert nur, dass wir die Grenzen unseres Selbstbildes erweitern, damit wir ganz hineinpassen – mit den Teilen, die wir meiden, verleugnen, wo wir nicht hinschauen wollen, und denen, die uns vertraut sind. Niemand kann für uns wachsen. Das müssen wir schon selbst tun.

Niemand kann für uns verantworten, wer wir sind und was wir tun. Das müssen wir schon selbst tun.

Das heißt nicht, dass wir die Gegenseitigkeit einer Beziehung, die wechselseitige Abhängigkeit zweier Menschen, die das Leben miteinander teilen, ablehnen. Das heißt nicht, dass du, wenn dein Partner echten Kummer zeigt, antwortest: »Das ist dein Problem.« In einer solchen Erwiderung liegt die Annahme, der Kampf eines Partners könne völlig getrennt vom Leben des andern vor sich gehen – das ist unmöglich. Jeder Partner hat seine eigene Erfahrung, sein eigenes Wesen, seine eigene Rolle, in Beziehung zum andern. Zwischen den beiden Extremen »Du kannst nicht von mir getrennt sein, deine Gefühle und Handlungen unterliegen meiner Verantwortung« und »Du berührst mich nicht, nichts, was du tust, geht mich an« liegt die Haltung der gegenseitigen Sorge, des Respekts und der Unterstützung.

So erstarrt, wie die Figuren unserer Erzählung in ihren vorgeschriebenen Interaktionsmustern sind, lassen sie keinen Raum für gegenseitige Sorge. Die Grundlage, auf der sie miteinander umgehen, besteht einzig aus emotionaler Erpressung, gemeinsamem Wahn und anderen Manipulationen. Durch ihre automatischen Reaktionen wird sichergestellt, dass sie so bleiben, wie sie sind, unecht und ohne Kontakt. So wie Kinder sich aus Angst vor dem Schwarzen Mann im Schrank unter die Decke verkriechen, so fürchten sie zu überprüfen, was an ihren Ängsten dran ist. Sie glauben immer das Schlimmste. In unseren Beziehungen tun wir das gleiche. In der Furcht, unsere Ängste zu äußern, sind wir unfähig, zwischen der Phantomangst, die sich bei Tageslicht auflöst, und der, die vielleicht einen realen Grund hat, zu unterscheiden.

Nehmen wir zum Beispiel eine junge Braut, die von ihren alten Ängsten überfallen wird. Sie bereitet gerade das Frühstück zu. Als ihr Mann eine Bemerkung über ihre Rühreier macht, bricht sie in Tränen aus. Das kann ein schlechter Start für eine Ehe sein: Ängste, Tränen, Manipulation. Wenn ihr Mann nächstes Mal eine nachteilige Beobachtung mitteilen will, mag sie noch so gelinde sein, wird er lieber zweimal überlegen, bevor er sagt: »Die Eier sind glibberig«, oder überhaupt ein Thema anspricht. Sehr wahrscheinlich wird er zu gar nichts mehr etwas sagen! Er hat nämlich auch seine Ängste.

Wenn sie ihre tief begründete Furcht, unzulänglich zu sein, was das Maß der Perfektion anbetrifft, nur anerkennen würde, dann könnte ihr Mann ihr wahrscheinlich versichern, dass weniger perfekt für ihn gut genug sei und dass es sich zudem zufällig darum handele, wie er sein Essen gern hätte. Er mag sein Rührei nämlich gern hart.

Betrachten wir einmal die Situation einer gut verdienenden Frau, die sich über eine gute Stellung freut. Ihr weniger erfolgreicher Ehemann, der sich seiner Angst, nicht »gut genug« zu sein, nicht bewusst ist, bricht bei anderen Ärgernissen, seien sie real oder eingebildet, in Wut aus. Wenn er seiner Frau nur sagen könnte, wie bedroht er sich durch ihre Erfolge fühlt, könnte sie seine Ängste vielleicht verstehen, ohne sich dafür auch gleich verantwortlich zu fühlen. Sie könnte ihre Anteilnahme zeigen und seine Bemühungen unterstützen, mit seinen Ängsten fertig zu werden. Welch konstruktiver Gegensatz zu einer Folge zerstörerischer Streitigkeiten um nichtige Dinge!

Leo ist ein eifersüchtiger Ehemann. Wohin wendet er sich mit seinem Versuch, seine Lage zu ändern? An sich selbst? Niemals. Natürlich an seine Frau. Sie ist schuld, dass er eifersüchtig ist. Solange er so denkt, wird ein Streit dem andern folgen. Nähe und Zuneigung werden schwinden. Soll er sich statt dessen mal sich selbst zuwenden. Soll er sich die Verantwortung für seine Ängste, verlassen zu werden oder nicht liebenswert zu sein, einmal zu eigen machen und sie auch übernehmen. Seine Frau kann gleichzeitig herausfinden, was sie dazu beiträgt, die Ängste zu unterhalten, und soll auch für ihr Tun Verantwortung übernehmen. Der eingeschlagene Weg wird vielleicht keine Dauerlösung für ihr Problem sein, er schafft aber einen Zugang zu Bewusstheit und persönlichem Wachstum.

»Aber klar«, sagt er vielleicht, »darüber kann man leicht schreiben, das ist aber 'ne ziemlich riskante Sache.« Wir haben alle die Befürchtung, dass wir oder unser Partner nicht überleben, wenn wir unsere Gefühle der Schwäche oder Feindseligkeit einmal spüren. Schon wieder ein Schreckgespenst! Wir sind doch alle Menschen. Und alle haben wir Raum für Gemütsbewegungen und Gefühle, wie Menschen sie eben haben. Erst wenn wir unsere Vorstellung und Vorspiegelung dessen, wie wir sind oder sein sollten, mal weglassen, findet sich Gelegenheit, mehr von uns selbst zu erleben und zu entwickeln.

Du kannst ganz langsam anfangen, dich selbst zu erleben; Stück für Stück kannst du deinen lange schlummernden Gefühlen erlauben, sich zu befreien und offen an die Oberfläche zu treten. Deine Gefühle zu erleben heißt zu erkennen, dass du lebendig bist. Nur jetzt kannst du dich authentisch ausdrücken. Ob und wann und wie du dich entscheidest, dich auszudrücken, liegt ganz bei dir. Dir deine Aggression zu Eigen zu machen muss nicht heißen, dass du jemand umbringst. Dir dein Glücksgefühl zu Eigen zu machen heißt nicht, dass du an einer Orgie voll ungezügelter Sinnenlust teilnehmen wirst. Im Gegenteil. Das Kennenlernen und Anerkennen der eigenen Gefühle ist der erste Schritt, sie ein wenig zu kontrollieren, anstatt von ihnen kontrolliert zu werden.

Offensichtlich hatten die Frau, die immer das Gegenteil tat, und ihr Mann nie den Mut oder das Selbstvertrauen, von ihrem Karussell aus eingefleischten Verhaltensweisen abzuspringen. Da sie sich dem eigenen Wesen – dem Wesentlichen – trotzig verschlossen, erwachten sie für sich selbst und einander niemals zum Leben.

**Fragen zu Kapitel 8**

1. Was sollte dein Partner über dich erfahren, nachdem ihr nicht mehr nur flüchtige Bekannte wart?

   _____

   _____

   _____

2. Gab es etwas, was dein Partner nicht erfahren sollte?

   _____

   _____

   _____

   _____

3. Welches »Schreckgespenst« hast du im Schrank, welche Angst, die du nicht wagst, ans Tageslicht zu bringen?

   _____

   _____

   _____

**Wahrnehmungsübungen zu Kapitel 8**

Diese Übung beschäftigt sich mit Missgunst und Übererfüllung. Damit zieht sich ein Partner häufig vor dem anderen
zurück und versagt ihm Befriedigung. Üblicherweise werden
beide Taktiken mehr durch Handlungen ausgedrückt, aber
nun benutzen wir einfach Sprache.

1.  Setzt euch einander gegenüber. Einer (Nr. 1) teilt dem
    anderen (Nr. 2) etwas mit, was Nr. 2 tun soll oder wie
    Nr. 2 sein möge. Das kann etwas sein, was ihr schon mal
    besprochen habt, es kann aber auch neu sein. Es mag für
    eure Beziehung größere oder kleinere Bedeutung haben.
    Zum Beispiel: »Ich hätte gern, dass du demnächst mal
    Hackbraten zum Abendessen machst.«

    Nr. 2 antwortet und teilt mit, wie er Nr. 1 die Freude da-
    bei verderben könnte.
    Zum Beispiel: (voller Freude) »Nun, ich könnte dir sa-
    gen, dass ich für heute abend schon etwas anderes geplant
    habe, dass ich aber morgen Hackbraten mache. Morgen
    könnte ich es dann vergessen, am nächsten Tag hätte ich
    keine Zeit, und…«

    Tauscht nun die Rollen, und Nr. 2 sagt etwas, was er von
    Nr. 1 möchte oder wie Nr. 1 sein soll. Nr. 1 antwortet
    und erzählt, wie er Nr. 2 die Freude verderben könnte;
    denkt daran, es auch zu genießen.

    Jeder kommt dreimal dran.

2. Wiederholt nun die Übung mit dem folgenden Unterschied:
Anstatt dem andern die Freude zu verderben, sage, wie du dabei des Guten zuviel tun könntest. (Es kann der gleiche oder ein anderer Wunsch wie im ersten Teil sein.)

Zum Beispiel:

Nr. 1 sagt: »Ich hätte gern, dass du demnächst mal Hackbraten zum Abendessen machst.«

Nr. 2 sagt, wie er dabei übertreiben könnte: »Ja, ich mache Hackbraten heute abend. Und morgen siehst du, wenn du dich zu Tisch setzt, wieder Hackbraten. Und rate mal, was es am nächsten Tag gibt! Wahrhaftig, ich könnte jeden Monat fünfundzwanzig Tage Hackbraten machen!«

### Fragen zum Wahrgenommenen

- Habt ihr euch in euren Interaktionen an die Vorschrift gehalten?

- Konntet ihr euch gestatten, Missgunst und Übererfüllung zu genießen?

- Hattet ihr das Gefühl, gemein zu sein?

- Sprecht darüber, wie ihr euch gefühlt habt, als euer Partner euch etwas missgönnte oder des Guten zuviel tat. Beschränkt euch dabei auf eure Gefühle und Reaktionen. Vermeidet Vorwürfe und Verteidigung.

## 9. GUDBRAND UND SEINE FRAU

Es war einmal ein Mann mit Namen Gudbrand. Er hatte einen Hof, weit weg am Hang eines Hügels, daher wurde er Gudbrand vom Hügel genannt.

Seine Frau und er waren so glücklich miteinander und vertrugen sich so gut, dass die Frau, egal was der Mann tat, immer meinte, es sei gut getan und keiner könne es besser machen. Ganz gleich, was er tat, immer glaubte sie, es sei genau das Richtige.

Sie lebten auf dem Hof, hatten hundert Taler am Boden ihrer Truhe und zwei Kühe im Stall. Eines Tages sagte die Frau zu Gudbrand:

»Ich finde, wir sollten in die Stadt gehen und eine der Kühe verkaufen, damit wir Wechselgeld bei uns haben. Es geht uns so gut, wir sollten ein paar Groschen in der Tasche haben wie die anderen Leute. Wir brauchen ja die hundert Taler in der Truhe nicht anrühren, aber ich sehe nicht ein, was wir mit mehr als einer Kuh sollen. Es ist viel besser für uns, eine zu verkaufen, dann brauche ich mich nur noch um eine zu kümmern statt der zwei, die ich jetzt versorgen und füttern muss.«

Ja, dachte Gudbrand, das ist gut und klug gesagt. Sofort nahm er die Kuh und zog los, sie zu verkaufen; doch als er hinkam, wollte keiner die Kuh kaufen.

»Ach, auch gut!«, dachte Gudbrand, »dann nehme ich die Kuh eben wieder mit heim. Stall und Futter habe ich ja für sie, das weiß ich, und der Heimweg ist nicht länger als der Hinweg.« So zog er mit der Kuh wieder heimwärts.

Als er ein Stück Wegs gegangen war, traf er einen

Mann, der ein Pferd zu verkaufen hatte, da dachte Gudbrand, es sei doch besser, ein Pferd als eine Kuh zu haben, und so tauschte er die Kuh um in ein Pferd.

Als er wieder ein Stück Wegs gegangen war, traf er einen Mann, der ein fettes Schwein vor sich hertrieb, da dachte er, es sei doch besser, ein Schwein zu haben als ein Pferd, und so tauschte er mit dem Mann.

Er ging nun wieder ein Stück weiter und traf einen Mann mit einer Ziege, und da er dachte, es sei sicher besser, eine Ziege zu haben als ein Schwein, tauschte er mit dem Mann, der die Ziege hatte.

Dann lief er ein weites Stück, bis er einen Mann mit einem Schaf traf; mit dem tauschte er, denn er dachte, es sei auf alle Fälle besser, ein Schaf als eine Ziege zu haben.

Als er noch ein Stück gegangen war, traf er einen Mann mit einer Gans; da tauschte er das Schaf gegen die Gans. Und als er dann lange gelaufen war, traf er einen Mann mit einem Hahn; mit dem tauschte er die Gans, denn er dachte: »Es ist sicher besser, einen Hahn als eine Gans zu haben.«

So lief er bis in den Abend und wurde hungrig. Da verkaufte er den Hahn für sechs Groschen und kaufte sich etwas zu essen.

»Es ist nämlich auf alle Fälle besser, Leib und Seele zusammenzuhalten, als einen Hahn zu besitzen«, dachte Gudbrand.

Dann machte er sich auf den Heimweg und kam zu eines Nachbarn Hof und ging hinein.

»Wie ist es in der Stadt gegangen«, fragten die Leute.

»Ach, so la-la«, antwortete der Mann; »ich kann mit meinem Glück nicht gerade prahlen, noch kann ich ihm gram sein.« Und er erzählte ihnen, wie sich alles von Anfang bis Ende zugetragen hatte.

»Na, da wirst du schön empfangen werden, wenn du heim zu deiner Frau kommst«, sagte der Nachbar. »Der

Himmel steh dir bei! Ich möchte nicht in deiner Haut stecken.«

»Ich denke, es hätte mir noch viel schlechter ergehen können«, sagte Gudbrand; »doch gleich, ob's mir gut oder schlecht ergeht, meine Frau ist so gut, dass sie nie etwas sagt, egal was ich tue.«

»Ach, das sagst du so; aber du bringst mich nicht dazu, das zu glauben«, antwortete der Nachbar.

»Wollen wir darum wetten?«, fragte Gudbrand. »Ich habe hundert Taler in der Truhe, bietest du das gleiche?«

So schlossen sie die Wette ab, und Gudbrand blieb noch bis zum Abend, als es dunkel wurde, und dann gingen sie zusammen zum Hof.

Der Nachbar sollte an der Tür bleiben und lauschen, und Gudbrand ging hinein zu seiner Frau.

»Guten Abend!«, sagte die Frau. »Dem Himmel sei Dank, dass du wieder da bist.«

»Ja, da bin ich!«, sagte der Mann.

Dann fragte die Frau, wie es ihm in der Stadt ergangen sei.

»Ach, so la-la«, antwortete Gudbrand, »nicht viel zum Prahlen. Als ich in die Stadt kam, wollte keiner die Kuh kaufen, so tauschte ich sie gegen ein Pferd.«

»Oh, da bin ich aber froh«, sagte die Frau; »wir sind recht wohlhabend und sollten wie andere Leute zur Kirche fahren, und wenn wir uns ein Pferd leisten können, sehe ich nicht ein, warum wir keins haben sollen. Lauft, Kinder, und führt das Pferd in den Stall.«

»Nun, ich habe das Pferd aber nicht mehr«, sagte Gudbrand; »als ich nämlich ein Stück Wegs gegangen war, tauschte ich es gegen ein Schwein.«

»Ach, Herrje!«, rief die Frau. »Genau das würde ich selbst getan haben. Ich bin so froh darüber, nun können wir Schinken im Haus haben und etwas anbieten, wenn die Leute uns besuchen kommen. Was wollen wir denn auch mit einem Pferd? Die Leute würden nur sagen, wir wären so herrschaftlich geworden, dass wir nicht mal mehr zur Kirche laufen können. Lauft, Kinder, und lasst das Schwein herein.«

»Aber ich habe das Schwein ja auch nicht«, sagte Gudbrand; »als ich nämlich ein Stückchen weiter gegangen war, tauschte ich es gegen eine Milchziege.«

»Ach, du Lieber! Wie gut du alles einrichtest!«, rief die Frau. »Wenn ich richtig darüber nachdenke, will ich ja gar kein Schwein. Die Leute würden nur sagen: ›Jene da drüben verzehren alles, was sie haben.‹ Nein, nun habe ich eine Ziege und kann sowohl Milch als auch Käse haben und die Ziege obendrein. Holt die Ziege herein, Kinder.«

»Aber ich habe die Ziege doch auch nicht«, sagte Gudbrand; »als ich wieder ein Stück gegangen war, tauschte ich die Ziege und bekam ein schönes Schaf dafür.«

»Gut!«, rief die Frau aus. »Du machst alles ganz so wie ich es mir wünschen würde – als wär ich selbst da gewesen. Was wollen wir auch mit einer Ziege? Abends müsste ich den Hügel hinaufklettern und wieder hinunter, um sie heimzuholen. Nein, wenn ich ein Schaf habe, kann ich Wolle und Kleider im Haus haben, und noch zu essen. Lauft hinaus, Kinder, und lasst das Schaf herein.«

»Aber ich habe das Schaf doch nicht mehr«, sagte Gudbrand; »als ich meinen Weg fortsetzte, tauschte ich es gegen eine Gans.«

»Ach, ich danke dir dafür!«, sagte die Frau. »Nochmals vielen Dank! Was will ich auch mit einem Schaf? Ich habe weder ein Spinnrad noch eine Spindel; auch placke und plage ich mich nicht gern damit, Kleider zu machen; jetzt können wir wie bisher Kleider kaufen. Jetzt kann ich Gänsefett haben, das habe ich mir schon lange gewünscht, und Federn, um mein kleines Kissen zu füllen. Lauft, Kinder, und lasst die Gans herein.«

»Nun, auch die Gans habe ich nicht«, sagte Gudbrand.

»Als ich weiter auf meinem Weg ging, tauschte ich sie gegen einen Hahn.«

»Ich weiß wirklich nicht, wie du an all das denken konntest!«, rief die Frau. »Gerade so hätte ich es auch gemacht. Ein Hahn! Schau, das ist grad so, als hättest du einen Wochenwecker gekauft, denn der Hahn wird jeden Morgen um vier krähen, so können wir zur rechten Zeit aufstehen. Was wollen wir auch mit einer Gans? Ich kann gar kein Gänsefett machen, und mein Kissen kann ich leicht mit weichem Gras füllen. Lauft, Kinder, und holt den Hahn herein.«

»Ach, ich habe auch keinen Hahn«, sagte Gudbrand. »Nachdem ich nämlich ein Stück vorangekommen war, wurde ich so schrecklich hungrig, dass ich den Hahn für sechs Groschen verkaufen und etwas zu essen besorgen musste, um Leib und Seele zusammenzuhalten.«

»Dem Himmel sei Dank, dass du das getan hast!«, rief die Frau. »Was du auch tust, du tust immer genau, was ich mir wünschen könnte. Außerdem, was wollten wir denn mit einem Hahn? Wir sind unser eigener Herr und können morgens so lange liegen bleiben, wie wir wollen. Gelobt sei der Himmel! Solange ich dich wieder hier habe, wo du alles so gut machst, brauche ich weder einen Hahn noch eine Gans noch ein Schwein noch eine Kuh.«

Da öffnete Gudbrand die Tür. »Habe ich die hundert Taler nun gewonnen?«, fragte er. Das musste der Nachbar zugeben.

Wir sind wohl alle einverstanden, dass Gudbrand einige wenig kluge Entscheidungen trifft, dass es ihm an Geschäftssinn mangelt und dass seine Frau in ihrer Güte ein wenig einfältig ist. Vielleicht zweifeln wir auch manchmal an ihrer Wahrhaftigkeit. Manche Männer kommen durch das ständige Verständnis zum Trinken. Unrealistisch überzeichnet, wie sie ist, ist sie nicht als Modellfrau geeignet. Wir müssen aber zugeben, dass beide am Ende gewinnen.

Als Gudbrand nach Haus kommt und von seinen Erfahrungen berichtet, hat seine Frau jeden Grund, ihm vorzuhalten, wie absurd sie sind. »Wie konntest du nur so etwas Dummes tun?!« Das macht sie aber nicht. Statt dessen identifiziert sie sich mit ihrem Mann und bestätigt ihn mit den Worten: »Genau das hätte ich auch getan.« Gudbrands Frau weiß etwas, das nur wenigen von uns klar ist; sie benutzt die Ehe nicht als Debattierklub. Für viele von uns, die wir im logischen Argumentieren so geübt sind, ist es so schwierig zu erkennen, dass die Kunst des Räsonierens und der Polemik nichts mit einer Beziehung oder dem Verständnis menschlichen Verhaltens zu tun hat. Vernunft sagt nichts darüber aus, ob man mit Leuten zurechtkommt.

Vielleicht können wir in der Ehe unser Recht zur eigenen Genugtuung beweisen, doch damit gewinnen wir einen faden Sieg. Gudbrands Frau hat es nicht nötig, ihr Gefühl zu verbessern, indem sie das ihres Mannes verschlechtert, oder die Fehler ihres Mannes als Beweisstücke zu benutzen, dass sie selbst schlauer ist als er. Es ist ihr nicht wichtig, recht zu haben, nur um sich dadurch bedeutender zu fühlen. Häufig vergessen Ehepartner in ihrem Bestreben, immer der Sieger zu sein, leicht, dass Sieger mit Verlierern verheiratet sind. Indem Gudbrands Frau nicht herumstreitet, schafft sie es, aus beiden Gewinner zu machen.

Mit ihren Worten »Genau das hätte ich auch getan« zeigt sie, dass sie fähig ist, sich in die Lage ihres Mannes zu versetzen, Verständnis zu haben, nicht intellektuell, sondern sein Erleben und Fühlen in genau dem Augenblick anzuerkennen. In der Anerkennung dessen, wie jemand anders fühlt, liegt wahres Verständnis. Da wir alle einzigartig sind und auf verschiedenartige Umstände individuell reagieren, wäre es ganz unmöglich, jede Situation genauso zu erleben, wie dein Partner es tut. Und doch haben wir vielleicht ähnliche Reaktionen bei anderen Gelegenheiten gespürt oder könnten uns eine Situation vorstellen, die bei uns die gleiche Reaktion hervorriefe.

Die Reaktion eines Partners stellt einen heimlichen oder weniger heimlichen Einfluss dar, der beständig wirkt und unser wechselseitiges Tun in der Beziehung formt. Petruchio in *Der Widerspenstigen Zähmung* zeigt das einleuchtend, wenn er die Bemühungen, das Verhalten seiner Braut zu verändern, verdoppelt. Häufig modifizieren wir, ohne es gewahr zu sein, die eigenen Reaktionen und Verhaltensweisen – ja sogar unseren Geschmack entsprechend den Reaktionen und Verhaltensweisen unseres Partners. Das stellt eine natürliche Anpassung dar, einen Weg, wie wir mit jemand, den wir lieb haben, auf den wir uns eingelassen haben und von dem wir uns unterscheiden, zurechtkommen. Damit das passiert, müssen wir niemand absichtlich »trainieren« oder »verändern«.

Herr Gudbrand hat ganz offensichtlich erkannt, dass seine Frau ihn nicht durch fortwährendes Fordern von Erklärungen in die Defensive treibt. »Warum um Himmels willen hast du das getan?« Tatsächlich erzählt er seinem Nachbarn: »Ich habe eine so gute Frau, dass sie nie etwas sagt, egal was ich tue.« Vom praktischen, logischen Gesichtspunkt aus betrachtet haben ihre Reaktionen wenig »Sinn«. Sie zeigt, wie sie ist, indem sie auf die sich wandelnde Situation reagiert.

Die Vorstellung, Gefühle und Erfahrungen müssten verständlich und unveränderlich sein, ist eine Grundursache vieler Ehekonflikte. Selbst wenn wir es gern möchten, können wir niemals über das Erleben eines anderen streiten. Ein Paar liegt im Bett; die Frau sagt, dass sie friert. Da fragt ihr Mann: »Wie kannst du frieren? Wir haben doch drei Decken, und das Fenster ist auch zu.« Es mag ihm zwar dumm oder unangemessen erscheinen, dass seiner Frau kalt ist, Tatsache ist aber, dass sie sich kalt fühlt. Und das ist so für sie. Oder ein Mann trinkt beim Frühstück einen Schluck Kaffee und sagt, er habe sich die Zunge verbrannt. Seine Frau meint: »Wie kannst du dir die Zunge verbrennen? Gerade habe ich von meinem getrunken, so heiß ist er doch gar nicht.« In beiden Fällen leugnet einer die Erfahrung des anderen. In diesen Beispielen mag das nicht so schlimm sein, wenn einer aber die tiefsten Gefühle seines Partners in Frage stellt, leugnet er die Existenz des anderen.

Warum-Fragen wie »Warum bist du jetzt böse?« oder »Warum verletzt dich das?« werden häufig wie Vorwürfe wahrgenommen. »Du sollst nicht böse werden.« – »Du solltest nicht verletzt sein.« Und doch ist unsere unmittelbare Reaktion auf die Aussage unseres Partners »Mir ist langweilig« oder »Ich bin deprimiert« häufig ein anklagendes »Warum?«. Dann folgen Erklärungen und Rechtfertigungen, und das ist ein nutzloses Unterfangen, das, ehe man sich's versieht, zum Streit führt. Manchmal wollen wir das gerade. Einen Streit zu beginnen, ist vergleichbar mit dem Kratzen, wenn's juckt. Man weiß, dass die Lage sich verschlimmert, es tut aber, ach, so gut. Am Ende bleibt man wund zurück und fragt sich, ob es das wert war.

»Warum« ist nur einer der »fatalen vier« Streitverursacher, die, jeden Moment zum Herausschlüpfen bereit, auf der Zungenspitze lauern. »Immer tust du …« und »Nie tust du …« sind weitere Sätze, die hervorragend für Vorwürfe geeignet sind. Und auf dem Gebiet der Selbstverteidigung ist das »Ja, aber ….« führend.

Anklagen und Verteidigen im Duett ist keine harmonische Musik, um damit zu leben. Und doch lassen wir uns davon wie von einer Melodie verführen, die uns nicht aus dem Kopf geht, auch wenn wir ihrer längst überdrüssig sind. Ohne es gewahr zu sein, springen wir zu dieser Begleitmusik auf das »Du-hast-Unrecht-und-ich-hab-Recht«-Karussell auf.

Außer durch die »fatalen vier« Streitverursacher schließen sich Ehepartner voreinander auch folgendermaßen ab:

- Indem sie Worte, Handlungen oder Absichten des anderen analysieren, dem andern sagen, was er tut, und interpretieren, warum er es tut: »Das machst du, weil deine Sauberkeitserziehung zu früh begann.«
- Indem sie aufheben, was gesagt worden ist: »Das meinst du gar nicht«, oder »Ich kann dich nicht ernst nehmen.«
- Indem sie den andern bewerten: »Du bist blöd«, oder »Du benimmst dich wie ein Kind.«
- Indem sie Witze machen: »Du bist so süß, wenn du wütend wirst«, oder »Mein Onkel hat mir gesagt, dass eine Frau, die vor Wut kocht, auch im Bett heiß ist.«
- Indem sie erklären (im Restaurant mitgehört) – Frau zum Mann: »Jedes Mal, wenn ich etwas beobachte, erklärst du es mir.«

Und dann gibt's natürlich noch die todsicheren Gesprächshemmer: »Du redest wie dein Vater«, »Das hast du alles schon mal gesagt«, »Ich kann dir nicht zuhören, wenn du so erregt bist.«

Die Hauptquelle aller Probleme in der Ehe liegt in der Kommunikation oder in deren Fehlen. Manchmal will ein Partner einfach nichts sagen. Wenn einer aber nicht reagiert, scheint keine Kommunikation möglich. Derjenige, der reden möchte, bleibt völlig frustriert übrig; der Schweigsame nimmt eine Position der Stärke ein. Mehrere unausgesprochene Botschaften liegen in solch einem Schweigen. »Ich will nicht mit dir reden« ist eine. Falls der schweigsame Partner sich freundlicherweise mit Worten ausdrückte, würde er vielleicht sagen: »Bei deiner schlauen Wortwahl komme ich in die Klemme«, oder »Ich will keinen Streit mit dir anfangen«, oder »Ich will dich nicht frustrieren«, oder »Du hörst mich ja gar nicht, selbst wenn ich mit dir rede.« Gleich welchen Grund sein Schweigen hat, das Ergebnis ist dasselbe: kein Gespräch, Frustration für das Gegenüber und häufig genauso für den Schweigsamen.

Bei der Kommunikation sind ein Sender und ein Empfänger beteiligt. Für zwei Menschen, die die gleiche Sprache sprechen, klingt das ganz einfach. Was den Vorgang aber so kompliziert, sind die »Doppeldecker«-Botschaften, die sowohl eine ausdrücklich verbale wie auch eine stillschweigend darin enthaltene, gefühlsmäßige Bedeutung haben. Die obigen Beispiele der Gesprächshemmer veranschaulichen diese »Doppeldecker«-Botschaften hervorragend. »Du redest wie dein Vater.« Ein bestimmter Unterton in der Stimme vermittelt mit diesen Worten eine deutliche, doch implizite Botschaft. »Dein Vater« wird symbolisch benutzt. Es ist mit all den Gefühlen besetzt, die symbolische Wörter belasten. »Wir wissen, welch ein Schweinehund dein Vater war, wie unvernünftig, herrschsüchtig, bösartig, blindgläubig und herzlos er war, wie er deiner Mutter das Leben schwer machte, das lass ich mit mir nicht machen.« All das im Unterton einer Stimme? Ja, kein Zweifel. »Ich kann dir nicht zuhören, wenn du so erregt bist.« Auch das ist gefühlsmäßig mächtig besetzt. Indem der Sprecher mit unbeteiligter Stimme redet, nimmt er einen überlegenen, beherrschenden Standpunkt ein und empfiehlt dem anderen, sich erst mal zusammenzureißen, bevor er (der Sprecher) überhaupt zuhören kann. Genausogut könnte er auch mitteilen, dass der andere ein ungezogenes Kind sei, welches sich erst die Tränen vom Gesicht waschen müsse, ehe es von irgend jemand Aufmerksamkeit erwarten könne.

Solche häufigen ehelichen Gewohnheiten sind grausam, frustrierend und tragisch. Sie geben weiterhin ein Beispiel dafür, wie leicht es ist, fruchtlose Umgangsformen anzunehmen, die die Partner voneinander trennen und nur in Sackgassen voll Feindseligkeit und Bitterkeit führen.

Wenn ihr aber einmal vergesst, wer recht oder unrecht hat, wer gut oder schlecht ist, wer schuld hat und wer nicht, kann all das vermieden werden. Ein Beispiel, Frau: »Ich langweile mich.« Mann: »Daraus höre ich Kritik, dass ich in letzter Zeit nicht ausgehen wollte. Ich möchte mich dann verteidigen.« Frau: »Nein, das ist keine Kritik. Ich weiß, wie es dir ging, und das ist (du bist) o. k.« Oder, Frau: »Ja, ich habe wirklich Lust, dich für meine Langeweile verantwortlich zu machen.« Das sind Antworten aufgrund von Gefühlen, Reaktionen und der Sprache des eigenen Selbst. Der Weg zum Streit ist, im Gegensatz dazu, recht leicht. Frau: »Ich langweile mich.« Mann (sich verteidigend): »Wir haben doch viel zusammen gemacht in letzter Zeit.« Frau: »Zum Beispiel?« Und schon geht der Streit los, der ihr vielleicht vorübergehend die Langeweile vertreibt, die Situation bleibt aber ungelöst und hinterlässt nur ungute Gefühle.

Wir kommen durcheinander, wenn wir versuchen, für die Gefühle unseres Partners Verantwortung zu übernehmen. Wie oft wollen wir das, was unser Partner sagt, nicht hören, weil wir glauben, wir müssten wegen dieser Gefühle irgendwie handeln. Und um dann nicht auf die Forderung, die wir hören (mag sie nun tatsächlich vorhanden sein oder nicht), einzugehen, handeln wir bezüglich der Traurigkeit, der Langeweile oder der Sehnsucht unseres Partners; wir vermeiden nämlich, auf das, was in ihm vorgeht, wirklich zu horchen und es aufzunehmen.

Dieses Einander-Hören und -Zuhören ist so wesentlich und doch so selten. Du kannst dich auf vielerlei Weise beschäftigen und doch nicht zuhören. Du kannst die Fliesen am Boden zählen. Du kannst Radio hören. Du kannst fernsehen und deine Nägel pflegen. Es gibt noch viel mehr. Du kannst deine Antwort einstudieren, dein Hauptargument vorbereiten, Munition anhäufen, du kannst dir für den Fall, dass du doch zuhörst, über die an dich gestellte Forderung, etwas mit oder für deinen Partner zu tun, Gedanken machen. Ablenkung können wir immer finden. Falls du möchtest, kannst du aber auch zuhören – mit den Ohren, mit den Augen, mit Herz und Seele.

Wir alle wünschen uns im Allgemeinen einfach jemanden, der

sagt: »Ich höre dich. Ich respektiere deine Gefühle.« Wenn dein Partner mit seinem Gefühl noch eine Forderung verbindet, ist das etwas, womit man sich, sobald es klargemacht worden ist, gesondert beschäftigen kann.

Es wäre wohl zuviel verlangt, sich vorzustellen, dass ein Partner, falls der andere etwas Unkluges oder Verletzendes getan hat, immer so verständnisvoll wie Gudbrands Frau reagiert. Sollte euer Gefühl das des völligen Akzeptierens sein, dann wird eure Reaktion so spontan bestätigend sein wie die ihre. Falls ihr aber verletzt oder enttäuscht oder böse seid, dann ist das eben eure Reaktion.

Es liegt ein heimtückischer, aber wichtiger Unterschied zwischen der Aussage »Wie konntest du nur so etwas Dummes tun!«, mit der du dich als Richter und Gericht aufspielst, und der Antwort »Wenn ich höre, was du getan hast, rege ich mich auf und bin ärgerlich« oder einfach der: »Ich bin wütend!« Im zweiten Fall gestattet ihr dem anderen, umgekehrt auch sein Gefühl zu äußern, anstatt ihn in die Verteidigungsposition des Angeklagten zu zwingen. Da beginnt die wahre Kommunikation, die wie eine frische Brise Lebendigkeit und Bewegung mit sich bringt.

**Fragen zu Kapitel 9**

1. Kommt es manchmal vor, dass ihr Schwierigkeiten habt, den Standpunkt des anderen zu verstehen? (Das bedeutet nicht, den Standpunkt des anderen einzunehmen oder zu mögen.)

   _____

   _____

   _____

2. In welcher Sparte deines Lebens fühlst du dich von deinem Partner am wenigsten verstanden?

   _____

   _____

   _____

3. Was ist deine automatische Reaktion, wenn du dich angegriffen fühlst?

   _____

   _____

   _____

## Wahrnehmungsübungen zu Kapitel 9

Sex ist ein Thema, das bei Paaren häufig nicht besprochen wird. Die Zeit, die ihr miteinander im Bett verbringt, in der ihr euch liebt, scheint für Kommentare schlecht geeignet. Und warum soll man hinterher etwas sagen, was einen Streit verursachen könnte? Diese Übung sollte euch zu eindeutiger, direkter Kommunikation ermutigen.

1. Jeder macht eine Liste von fünf Punkten, die sich auf das Miteinander-Schlafen beziehen: wovon er gern mehr hätte, wovon weniger, oder was geändert werden sollte.

   1. _____

   2. _____

   3. _____

   4. _____

   5. _____

2. Jeder versucht, noch bevor ihr euch die Listen zeigt, einmal zu raten, was wohl auf der Liste des anderen steht.

3. Nun tauscht die Listen aus. Falls etwas unvollständig oder unklar ist, bittet euren Partner, deutlicher zu werden.

4. Wenn jeder die Liste des anderen verstanden hat, sprecht darüber, wie ihr euch fühlt – nicht wie ihr euch fühlt, wenn ihr dem nachkommt –, einfach darüber, wie es euch geht, wenn ihr die Liste lest.

### Fragen zum Wahrgenommenen

1. Wie fühltet ihr euch, als ihr eurem Partner die Liste gabt? Aufgeregt? Beschämt? Schüchtern? Aggressiv? Ängstlich?

2. Wie ging es euch, als ihr die Liste eures Partners last? Wart ihr interessiert? Habt ihr geurteilt? Hattet ihr Angst? Oder Spaß?

3. Könnt ihr euch vorstellen, die Wünsche auf der Liste eures Partners zu erfüllen? Was stünde dem im Weg? Was würde euch die Erfüllung erleichtern?

4. Habt ihr wirklich das auf die Liste gesetzt, was ihr wollt, oder habt ihr zensiert?

# 10. RUMPELSTILZCHEN

Es war einmal ein Müller, der war arm, aber er hatte eine wunderschöne Tochter. Nun traf es sich eines Tages, dass er mit dem König zu sprechen kam, und um sich ein Ansehen zu geben, sagte er zu ihm, er habe eine Tochter, die könne Stroh zu Gold spinnen. Da sagte der König zum Müller: »Das ist eine Kunst, die mir wohl gefällt, wenn deine Tochter so geschickt ist, wie du sagst, so bring sie morgen in mein Schloss, da will ich sie auf die Probe stellen.« [Deutscher Text aus Grimms Märchen (A. d. Ü.)]

Dann, so berichtet die Geschichte, schloss der König die Müllerstochter in eine Kammer voller Stroh, gab ihr Rad und Haspel und drohte: ... wenn du diese Nacht durch bis morgen früh dieses Stroh nicht zu Gold versponnen hast, so musst du sterben.«

Natürlich war das arme Mädchen in großer Not. Da trat plötzlich ein kleines Männchen herein und fragte: »Was gibst du mir, wenn ich's dir spinne?« Sie bot ihr Halsband, und der kleine Mann nahm an. Er spann bis zum Morgen, und als er fertig war, war das ganze Stroh zu Gold geworden.

Der König staunte, da er aber so »goldgierig« war, war er nicht zufrieden. Er brachte sie in eine noch größere Kammer voll Stroh und drohte ihr mit dem Tod, falls sie die Aufgabe nicht erfüllte. Das Geschehen der vorhergehenden Nacht wiederholte sich. Diesmal gab sie dem kleinen Männchen ihren Fingerring.

In der dritten Nacht war die Kammer noch größer. Diesmal hatte sie nichts mehr, um es dem Männchen zu geben.

»So versprich mir, wenn du Königin wirst, dein erstes Kind«, sagte das Männchen.

»Wer weiß, wie das noch geht«, dachte die Müllerstochter und wusste sich auch in der Not nicht anders zu helfen; sie versprach also dem Männchen, was es verlangte, und das Männchen spann noch einmal das Stroh zu Gold.

Als der König die Aufgabe erfüllt fand, machte er die schöne Müllerstochter zu seiner Königin.

Nach einem Jahr brachte sie ein schönes Kind zur Welt und dachte gar nicht mehr an das Männchen. Da trat es eines Tages plötzlich in ihre Kammer und sprach: »Nun gib mir, was du versprochen hast.« Da begann die Königin so zu jammern und zu weinen, dass das Männchen Mitleid mit ihr hatte. Er sagte, sie könne ihr Kind behalten, wenn sie in drei Tagen seinen Namen herausfände.

Jeden Tag kam das kleine Männchen, und die Königin schlug ihm alle Namen vor, die ihr einfielen. Zusätzlich sandte sie noch Boten aus, jeden Namen zu sammeln, der im Königreich gebräuchlich war. Am dritten Tag kam ein Bote mit einer Geschichte zurück. In den Wäldern hatte er nämlich einen kleinen Mann gefunden, der ein lustiges Lied sang:

Heute back ich, morgen brau ich,
übermorgen hol ich der Königin ihr Kind;
ach, wie gut, dass niemand weiß,
dass ich Rumpelstilzchen heiß!

Als die Königin schließlich den Namen nannte, war das Männchen so voller Zorn, dass »er sich selbst mitten entzwei riss«, und das war sein Ende.

Ob der König und die Königin von da an glücklich bis an ihr Ende lebten, hören wir nicht. Wir nehmen wohl an, dass sie glücklich waren, wie ein König und eine Königin nun mal sind, vorausgesetzt, der König wollte niemals mehr Stroh zu Gold gesponnen haben. Ob sie nun glücklich fortlebten oder nicht, in der Zeit der Geschichte jedenfalls haben beide Glück, jenes Glück, das wir in Märchen erwarten.

Die Müllerstochter ist eine glückliche junge Frau. Mit Hilfe von Rumpelstilzchen überlistet sie den König. Mit Hilfe des Boten überlistet sie Rumpelstilzchen. Ihr Vater gibt sie weg, als hätte sie eine Gabe, die sie aber gar nicht besitzt – sie kann gar kein Stroh zu Gold spinnen. Und dennoch, sie kommt nicht nur mit dem Leben davon; sie gewinnt sogar eine Krone. Alles gelingt, nur mit Zauberei und einem Boten.

Auch der König ist in der Tat glücklich. Er bekommt, was er will – nämlich viel Gold. Zusätzlich hat er eine wunderschöne junge Frau und einen Sohn, der sein goldgieriges Herz, so hoffen wir, zum Schmelzen bringen wird, falls er jemals herausfinden sollte, wie sehr er betrogen wurde.

Wir andern haben es, mangels Zauberei und Boten, gar nicht so leicht. In den Augen unseres Partners gelten wir als erfolgreicher Geschäftsmann, als unabhängige Frau, als jung und sexy oder als interessanter Intellektueller … mit dem ausgesprochenen Versprechen, ein langweiliges Leben zu goldenen Jahren zu verspinnen. Gern möchte unser Partner, wie der König in der Geschichte, an unsere Zauberkraft glauben, so wie wir an seine glauben möchten. Doch wir werden schon bald entlarvt. Wir können unsere Partner nämlich nicht reich, sexy oder erfolgreich machen. Wir können ihnen kein Leben bereiten ohne Schmerz, ohne Frustration. Weder sind wir Hexenmeister noch Feenköniginnen. Im fahlen Licht des Morgens werden wir alle entdeckt: Wir können gar nicht zaubern.

Ungeachtet dieser Tatsache wollen wir uns unbedingt so benehmen, als könnten wir es eben doch. Irgendwie, auf irgendwelche Weise, irgendwann in der Zukunft, so sagen wir uns, wird es uns gelingen – so wie es der Müllerstochter gelang. Als sie ihr erstes Kind dem Rumpelstilzchen verspricht, sagt sie zu sich: »Wer weiß, wie das noch geht?«

Eine junge Frau gesteht: »Ich wusste immer, dass es nicht der richtige Mann für mich war, ich wollte es mir aber nicht eingestehen. Ich meinte immer, es würde schon gehen. Nun muss ich der Wahrheit ins Gesicht sehen. Es ist nicht gegangen.«

Eine Frau, die größer war als die meisten anderen, erzählt ihre Geschichte: »Als wir uns kennen lernten, hatten wir so viel (sie zeigt mit Daumen und Zeigefinger ungefähr einen halben Zentimeter an) gemeinsam. Er war aber groß und sah gut aus, und ich bildete mir ein, Tennis und Tanzen würden später schon kommen.« Unglückseliger Weise kam es eben nicht. Weder wurde sein Tennis noch sein Tanzen besser. Und einige Probleme, die sie bequemer Weise übersehen hatte, nämlich seine Neigung und sein Problem mit dem Trinken, wurden sogar schlimmer. Nach zwanzig Jahren und drei Kindern gab sie ihren Traum, diesen Mann ihrem Bild von einem Ehemann anzugleichen, auf und begann sich mit der Wirklichkeit auseinander zu setzen.

»Ich wusste, dass sie keine Kinder wollte«, gibt ein Mann Mitte Vierzig zu. »Sie hatte ja schon Kinder großgezogen. Ich wollte aber so gern eine Familie und bildete mir ein, es werde schon irgendwie gehen. Jetzt weiß ich, wenn ich Kinder will, muss ich sie verlassen, und das ist hartnach all den Jahren, die wir miteinander verbrachten.«

Wir glauben alle, es werde »schon irgendwie« gehen. Alles wird schon in Ordnung kommen. Glaubensunterschiede, Hautfarbe, unterschiedliche Wertvorstellungen und Lebensziele, Schwiegereltern, die sich einmischen – all diese Potenziellen Krisenpunkte wischen wir vom Tisch. Und doch verschwinden sie nicht. Wie Rumpelstilzchen kommen sie wieder, nach einem Jahr, nach fünf Jahren oder sogar nach zwanzig Jahren, und dann verlangen sie unsere Aufmerksamkeit.

Fast immer sind die Konfliktfelder zwischen zwei Menschen schon beim ersten Hallo gegenwärtig. Wir ignorieren oder verleugnen sie. Wer will sein Augenmerk schon auf Sorgenpunkte lenken? Es ist doch solch eine Versuchung, sich von einer Romanze und von Träumen davontragen zu lassen. Ähnlich den Jumblies im ersten Kapitel mögen wir nicht auf die wohlgemeinten Warnungen unserer Freunde und der Familie oder auf die winzige Stimme in unserem Kopf, die Zweifel anmeldet, hören. Eine Zauberkraft wird schon alles in Ordnung bringen.

Glauben wir wirklich an Zauberei? Hören wir doch einmal auf die Sprache, die wir benutzen, wenn wir ein Problem vermuten. »Es wird schon gehen.« – »Irgendwas wird schon passieren.« – »Das kommt schon von selbst in Ordnung.« Das sind magische Reden. Wenn wir solche Sätze benutzen, klingt es, als glaubten wir an eine Macht, eine Kraft, ein Rumpelstilzchen, das unsere Konflikte schon lösen und die Probleme erledigen wird. Mit solchen Aussagen lullen wir uns und die andern aber ein, um dann die Verantwortung für uns und unser Leben loszuwerden. Sie klingen, als hätten wir überhaupt nichts zu tun. Irgendeine Zauberkraft »da außerhalb« wird schon eingreifen und »alles in Ordnung bringen«.

Paare, die an einen peinlichen toten Punkt gekommen sind, benutzen solche magischen Reden besonders gern. »Wir haben beschlossen, uns mal für sechs Monate zu trennen und zu schauen, was passiert.« Oder: »Ein Jahr wollen wir uns noch miteinander geben und schauen, was passiert.« Diese Denkweise passt ins Märchen. Gar nichts wird auf magische Art »passieren«. Wir bringen die Dinge in Gang. Entweder wir mögen einander so sehr, dass wir füreinander da sind und eine befriedigende Beziehung aufbauen, oder wir tun's nicht. Aber das gerade wollen wir nicht wahrhaben. Wenn nichts passiert, ist es immer noch leichter, den Mangel an Zauberkraft zu beklagen als uns selbst. Wir benutzen dann die magische Redewendung: »Wir haben es noch mal sechs Monate miteinander probiert, aber nichts ist geschehen, darum trennen wir uns«, anstatt verantwortlich zu sagen: »Wir haben einfach nichts getan«, oder »Wir konnten nichts tun«, oder »Wir wussten nicht, was wir tun sollten.«

Zu sagen »Es war uns nicht wichtig genug« ist noch schwieriger. Denn wenn zwei Menschen eine Zeit ihres Lebens miteinander verbracht haben, auch wenn Gleichgültigkeit und Entfremdung dabei waren, so macht der eine sich doch etwas aus dem anderen. Anerkennung ist da mit Ressentiments verbunden und glückliche Erinnerungen sind mit bitteren vermischt.

Da beklagt sich eine junge Frau, sie sehe ihren Mann nie. »Ich dachte, es sei wunderbar, dass er so hart arbeitet und soviel Erfolg hat. Jetzt wünschte ich, er sei weniger erfolgreich.« Und ein Mann, der »ehrgeizige« Frauen verabscheute, meinte, die Frau seiner Träume gefunden zu haben, eine Frau, die sich leicht mit Heim und Kindern zufrieden gab. Nach einigen Jahren beklagte er sich dann, sie sei dumm. Warum suchte sie sich keinen Job oder ging auf eine Schule?

So werden Wesenszüge, die man einmal guthieß und lobte, einem zuwider.

Es gibt unzählige Beispiele dafür. Der »einfache« Mann wird bald als »fauler Ehemann« beschrieben. Die bezaubernde Braut wird nach einiger Zeit als »eitel und selbstzentriert« bezeichnet. Die hilflose Frau, die ihrem Mann das Gefühl gab, fähig und wichtig zu sein, hängt bald wie ein Albatros an seinem Hals. Jeder Konflikt kommt schließlich an die Oberfläche und schreit nach Beachtung.

## DREHBUCH 1

König: Meine liebe Königin, ich finde, es wird Zeit, dass du mal wieder Stroh zu Gold spinnst.

Königin: (total verängstigt) Ach, mein Gott. Ich bedaure, das ist unmöglich.

König: Unmöglich? Gewiss nicht. Du hast es doch neulich gekonnt, da wirst du es nun auch können!

Königin: Aber da habe ich es eben nicht getan. Ich hab's nie gekonnt und werd's auch nie können.

König: Das versteh ich nicht. Darum habe ich dich doch geheiratet! Hast du mich angelogen?

Königin: Das ist nicht meine Schuld. Das war mein Vater. Er hat dich belogen.

König: (wütend) Man hat mich beschwindelt! Und dazu noch ein unbedeutender Müller und seine Tochter!

Königin: (weinend) Du hast mich nur um des Goldes willen geheiratet. Du liebst mich gar nicht und hast es nie getan.

König: Ich hab's doch gleich gewusst, ich hätte keine arme Müllerstochter heiraten sollen. Wache! Schafft sie fort. Schlagt ihr den Kopf ab.

## DREHBUCH II

König:    Meine liebe Königin, ich brauche mehr Gold. Da ist eine Kammer voll Stroh und ein Spinnrad für dich.

Königin: Ach, mein lieber König. Es gibt da etwas, das ich dir nie gesagt habe. Ich habe gar kein Stroh zu Gold gesponnen.

König:    Was? Was hast du nicht ... Nun, wenn du es nicht warst, wer war es dann?

Königin: (erzählt die Geschichte, wie Rumpelstilzchen ihr zu Hilfe kam und wie sie seinen Namen herausfand)

König:    (erholt sich von dem Schock) Nun, wenn es einen in meinem Königreich gab, der das konnte, dann muss es noch einen geben. Boten! Lauft! Streift durch das ganze Land und findet ein kleines Männchen, das Stroh zu Gold spinnen kann. Und kommt mir nicht ohne das Männchen zurück!

Und so kam es, dass der König und die Königin jahrelang warteten, dass ein neues Rumpelstilzchen gefunden würde. Die Königin lebte in ständiger Furcht, vom König davon gejagt zu werden. Und der König war in seiner Suche nach dem Zaubermännchen ständig frustriert.

Nach zwanzig Jahren wurde der König krank und starb. Mit großer Erleichterung überließ die Königin ihrem Sohn die Regentschaft. Sie selbst machte sich mit ihren Mägden auf, um zu entdecken, wie die Welt außerhalb der Palastmauern beschaffen ist.

## DREHBUCH III

Der König und die Königin beobachten ihr kleines Kind auf seinem ersten Pferd.

Königin: Mein lieber Herr, es gibt etwas, das ich dir erzählen möchte. Weißt du noch, wie mein Vater zu dir kam und sagte, ich könne Stroh zu Gold spinnen?

König: Und ob ich das noch weiß. Ich werde ihm und dir ewig dankbar sein.

Königin: Aber ich könnt's gar nicht. Das war eine Geschichte, die mein Vater erfunden hatte. Du kennst ihn doch.

König: (verwirrt) Ich verstehe nicht. Drei Kammern voll Stroh wurden doch zu Gold versponnen, und ganz allein warst du darin – und eingesperrt noch obendrein.

Königin: (erzählt die Geschichte vom Rumpelstilzchen)

König: Ach, mein armer Liebling. Was musst du da durchgemacht haben! Ich bekomme ganz weiche Knie, wenn ich daran denke, dass ich dich oder unsern Sohn durch meine Gier hätte verlieren können. Aber (mit liebevollem Blick auf ihren Sohn) du weißt, seit jenen Tagen habe ich mich sehr verändert.

Königin: Ich war mir nie sicher, was du für mich empfindest. Und weißt du, ich hatte solche Angst, du könntest eines Tages mehr Gold verlangen und (mit Tränen in den Augen) würdest mir nie verzeihen, dass ich dich betrogen habe.

König: (nimmt ihre Hand) Wenn ich manchmal ärgerlich oder frustriert bin, mache ich dir wirklich den Vorwurf, dass du nur eine Müllerstochter bist; aber glaub mir, du und unser Sohn seid mir wichtiger als alles Gold in der Welt.

Königin: Ich bin so froh, das von dir zu hören. Und ich bin auch erleichtert, dass ich es dir erzählt habe. Ich hatte zwar Angst, doch musste ich nur die Gelegenheit ergreifen.

König: (lächelnd) Ich fühle mich nur ein bisschen betrogen. Meistens empfinde ich das Leben jetzt als sehr gut. (Träumerisch) Es wäre aber schon schön, wenn du Stroh zu Gold spinnen könntest.

Wenn der König und die Königin allein fertig werden müssen und sich nicht auf irgendeine Zauberei von außen verlassen können, dann haben sie die gleichen Möglichkeiten wie wir alle.

- Im ersten Drehbuch setzen sie ihren Austausch mit wohlstudierten Rollen weiter fort. Das Individuum selbst ist verloren; Vorwurf und Verteidigung stellen sicher, dass kein Kontakt zwischen ihnen entsteht. Des Königs simple Lösung »Schlagt ihr den Kopf ab!« entspricht dem heutigen »Nimm dir einen Rechtsanwalt, ich hab's satt.«

- Im zweiten Drehbuch hört der König in seiner Goldgier der Königin zwar zu, es fehlt aber eine menschliche Entgegnung. Sie leben zwar Seite an Seite, aber doch getrennt. Da der König nur Augen für heimkehrende Boten hat und die Königin in Furcht vor dem König lebt, treten sie einander nie gegenüber, um an ihrem Leben zu basteln und die Ehe zu gestalten.

- Im dritten Drehbuch macht die Königin den Anfang zum Gespräch. In ihre Aussage sind sowohl der König wie die Königin eingeschlossen: »Ich« und »Du«. »Es gibt etwas, das ich dir erzählen möchte.« Als der König ihre Geschichte hört, antwortet er wie ein Mensch, der fähig ist, seine Gefühle wahrzunehmen, dem andern: »Was musst du da nur durchgemacht haben!«

Da haben wir keine automatischen Roboter, dies sind Menschen. Sie besitzen einen Körper. Die Königin weint, nicht um zu manipulieren, sondern um ihr Gefühl auszudrücken. Dem König werden die Knie weich. Sie nehmen einander bei der Hand. Sie erleben unterschiedliche Gefühle und teilen sie einander mit. Sie sind präsent und fähig, einander zu antworten.

Darin liegt unsere ganz eigene Zauberei.

**Fragen zu Kapitel 10**

1. Haben dich deine Freunde oder deine Familie wegen deines Freundes »gewarnt«?

   _____

   _____

2. Warnten sie aus gutem Grund?

   _____

   _____

3. Hattest du dich wegen derselben Sache selbst schon »gewarnt«?

   _____

   _____

4. Was, meintest du, würde sich, als du deine Beziehung eingingst, »von selbst erledigen«? Traf das zu?

   _____

   _____

## Wahrnehmungsübungen zu Kapitel 10

Wir sind häufig so damit beschäftigt, entweder in Gedanken mit uns selbst oder mit anderen zu reden, dass wir sonst nichts mehr wahrnehmen. Lass deinen Wahrnehmungen in diesem Experiment einmal den Vorrang. Tu das, ohne zu reden.

Setzt euch einander gegenüber. Entscheidet, wer anfängt. Der ist dann Nr. 1.

● Schließt beide die Augen.
Nr. 1, lege die Hände sanft auf das Gesicht des Partners, und erkunde es mit den Fingern.
Fühle die Hautbeschaffenheit auf den Augen, den Augenbrauen und langsam auf dem ganzen Gesicht.
Fühle die Struktur unter der Haut: die weichen Stellen, die harten Stellen.
Fühle, wie die Luft in die Nase ein- und aus ihr herausströmt.
Nimm dir ein paar Minuten Zeit, hab keine Eile.

● Wenn Nr. 1 fertig ist, beginnt Nr. 2 und macht das gleiche. Vergesst nicht, beide die Augen geschlossen zu halten und nicht zu sprechen, bis ihr fertig seid.

● Nun redet miteinander über diese Erfahrung.
Hattet ihr Freude daran?
Wie habt ihr euch gefühlt?

### Fragen zum Wahrgenommenen

1. Wart ihr für eine Zeit lang fähig, euren inneren Dialog zu bremsen?

2. Was hat euch überrascht, als ihr das Gesicht eures Partners befühlt habt?
   Und was, als sich die Hände des Partners auf eurem Gesicht befanden?

# 11. VOM MANNE, DER DIE HAUSWIRTSCHAFT BESORGEN SOLLTE

Dies ist die Geschichte eines Mannes namens Fritz und seiner Frau Liese. Sie lebten auf einem Stück Land, und Fritz pflügte den Boden, säte den Samen und jätete das Unkraut. Er erntete das Heu, rechte es zusammen und stapelte es in der Sonne. Tag für Tag arbeitete er hart.

Liese musste das Haus sauber halten, die Suppe kochen, buttern und sich um Stall und Kinder kümmern. Auch sie arbeitete Tag für Tag hart.

Doch immer dachte Fritz, dass er härter arbeitete. Wenn er vom Feld nach Hause kam, setzte er sich nieder, fuhr sich mit dem großen, roten Taschentuch durchs Gesicht und jammerte:

»Huh! Wie heiß es heute in der Sonne war, und wie hart ich wieder gearbeitet habe. Du weißt kaum, Liese, wie die Arbeit eines Mannes ist, wirklich nicht! *Deine* Arbeit hier, die ist ja nichts dagegen.«

»Die ist auch nicht gerade leicht«, sagte Liese.

»Auch nicht gerade leicht!«, rief Fritz. »Du ruckelst und zuckelst doch nur ein wenig im Haus herum, da ist sicher nichts Schweres dabei.«

»Je nun, wenn du meinst«, sagte Liese, »wir können's ja morgen andersherum machen. Ich mache deine Arbeit, und du kannst meine machen. Ich gehe aufs Feld und ernte das Heu, und du kannst hier im Haus herumruckeln und -zuckeln. Du möchtest es doch mal ausprobieren – ja?«

Fritz dachte, das würde er schon gern mögen im Gras liegen und ein Auge auf Maidli haben, im Schatten zu sitzen und zu buttern, ein bisschen Wurst zu braten und eine kleine Suppe zu kochen. Ha! Das wäre leicht! Ja, ja, er wolle es versuchen.

Liese machte sich also, als es dämmerte, mit der Sichel über der Schulter auf in Richtung Feld, und Fritz kochte in der Küche Wurst auf dem Feuer. Er stellte fest, dass er für die Wurst etwas Most benötigte, und stieg in den Keller, um den Krug zu füllen. Doch als er in der Küche Geklapper hörte, stürmte er die Treppe wieder hinauf – gerade rechtzeitig, um den Hund mit dem Wurstzipfel durch die Tür flitzen zu sehen. Im Keller strömte der Most inzwischen aus dem Fass.

Fritz' Tag wurde immer schlimmer. Als Fritz die Kuh zum Grasen auf das Grasdach brachte, leerte sich seine kleine Tochter das ganze Butterfass über. Da er befürchtete, die Kuh könne vom Dach fallen, legte er ihr ein Seil um den Hals, ließ es durch den Kamin hinab und band sich das andere Ende fest um die Taille. Die Kuh fiel nun doch vom Dach und fegte Fritz halb den Schornstein hoch, wo Liese ihn, als sie vom Feld kam, vorfand.

»Also wirklich, Mann!«, sagte Liese. »Besorgst du so die Hauswirtschaft – sag?«

»Ach, Liese, Liese!«, stammelte Fritz. »Du hast Recht – deine Arbeit da, die ist gar nicht so leicht.«

»Am Anfang ist sie etwas schwer«, sagte Liese, »aber morgen machst du es vielleicht schon besser.«

»Nee, nee!«, rief Fritz. »Bitte, bitte, meine Liese, lass mich wieder zu meiner Arbeit auf dem Feld, ich will auch nie wieder sagen, meine Arbeit sei härter als deine.«

»Na gut«, sagte Liese, »wenn das so ist, können wir sicher von nun an bis in Ewigkeit in Glück und Frieden leben.« Und so geschah es auch.

Auf den ersten Blick haben Liese und Fritz ihr Problem gelöst. Er erkennt ihre Arbeit als »gar nicht so leicht« an und kehrt aufs Feld zurück, das traditionellerweise »sein« Terrain ist, sie marschiert triumphierend ins Haus zurück und an »ihre« Arbeit.

Sicher sind sie nicht das erste noch das letzte Paar, das den Streit »wer arbeitet härter« ausficht. Im ewigen Ringen der Geschlechter ist dieser Vergleich einer der häufigsten, die gemacht werden. In diesem unaufhörlichen Wettbewerb vergleichen wir alles, angefangen von der Lebenserwartung, hin zu körperlicher und seelischer Tapferkeit, bis hin zur Intensität eines Orgasmus. Um was zu beweisen? Um zu beweisen, was auch Fritz und Liese feststellen wollten: »Ich bin nicht nur wichtig, sondern ich bin wichtiger als du.«

Unausgesprochen liegt darin die Prahlerei: »Du brauchst mich mehr als ich dich.« Von Seiten des Mannes war das, historisch gesehen, mehr als eitle Prahlerei. Es war der Mann, der Frau und Kinder mit den Notwendigkeiten des Lebens versorgte, während die Frau ein Heim schaffte und ihren Mann und die Kinder umsorgte. Ihre Existenz und die ihrer Kinder hing im wahren Sinne des Wortes davon ab, dass er bei ihnen blieb. Der Mann spielte die erste Geige; er nahm in der Verbindung die Machtposition ein. Wenn er ausdrücklich oder unausgesprochen erklärte: »Sei nett zu mir, sonst lass ich dich allein, und ohne mich schaffst du es nicht«, dann traf seine Botschaft auf offene Ohren.

Es mag sein, dass die Frau ihrem Mann zwar nicht die Genugtuung gab, die Worte »du hast recht« zu vernehmen, ihr Tun verdeutlichte aber, dass sie ihm glaubte. Ihre übliche Reaktion auf die Anklage/Drohung ihres Mannes war, sich anzupassen und zu Gefallen zu sein. Ob es nun darum ging, vom Hof in die Stadt zu ziehen, Reis anstelle von Kartoffeln zu kochen oder Fußball zu sehen, sie marschierte nach seiner Trommel. So haben Ehemänner mit Geld belohnt oder gestraft, wie der Mann, der, als er entdeckte, dass seine Frau mit jemand anderem geschlafen hatte, ihr die Kreditkarten aus der Handtasche nahm und sie in Stücke riss. Solange das Gehalt beim Mann in der Tasche war, hatte er die Trumpfkarte in der Hand. Seine Frau hatte da keine Chance.

Natürlich waren die Frauen nicht völlig ohne Macht und Einfälle, wie sie die Männer halten konnten. Sie gebären die Kinder und sind für sie da und haben diese Stellung meisterlich ausgenutzt; Männer wiederum wollen Erben und möchten dabei sein, wenn sie aufwachsen. Außerdem machten Frauen sich unentbehrlich in der Versorgung und Beköstigung ihrer Männer! Ihre höchste Karte war aber der Sex. Sex wurde von Frauen benutzt wie Geld von Männern – so konnten sie ihre Männer anziehen, manipulieren und festhalten.

Jetzt findet aber eine große und wichtige Revolution statt. Frauen arbeiten in immer größerer Zahl außerhalb des Hauses. Der zentrale Gesichtspunkt ist allerdings nicht, dass Frauen in der Öffentlichkeit Erfolg haben. Sie werden zwar Lehrer und Richter. Sie reparieren zwar Telefonleitungen. Das ist sicher auch wichtig. Auf der gesellschaftlichen Ebene bleibt die Macht aber unbestreitbar in der Hand der Männer.

Zu Hause aber sieht man die Unterschiede. Die Tatsache, die wohl von größter Wichtigkeit und Einfluss ist, der bedeutendste Aspekt der Revolution, welcher die Wellen im Leben von Paaren überall hochgehen lässt, liegt wohl darin, dass die Abhängigkeit der Frau von ihrem eigenen Mann nicht mehr so groß ist. Heutzutage kann und wird eine Frau auch ohne Mann überleben. Sie und ihre Kinder werden nicht ohne Versorgung und Nahrung sein. Sie können sogar aufblühen.

Frauen wagen heute zu fragen: »Was will ich?« Und sie stehen mutig dazu und finden selbst eine Antwort. Sie wollen wählen können. Sie möchten bei den Entscheidungen, die sie betreffen, eine Stimme haben. Diese Aufsehen erregenden Forderungen sind schwer in die Tat umzusetzen. In der Gesellschaft braucht das Zeit, sowohl Männer wie Frauen müssen umlernen, und ein tiefgehender Wechsel der Sitten und Einstellungen muss stattfinden. In den Familien bewirkt das erschütternde Veränderungen und viel Schmerz.

Frauen passen sich ihren Partnern nicht mehr vorrangig an oder fügen sich. Statt »O.k., wenn du willst, bekommen wir ein Kind« heißt es nun »Ja, ich will auch ein Kind, aber ich will meinen Beruf nicht aufgeben.« Und »Ich werde heute abend nicht zu Haus sein, um Abendbrot zu machen, ich gehe nach der Arbeit direkt zur Fortbildung.« – »Ich gehe ein paar Tage zu einem Workshop.« – »Nein, ich will nicht in eine andere Stadt umziehen, selbst wenn es für dich eine Beförderung bedeutet.«

Hinter dieser Weigerung, sich weiter unterzuordnen, liegen Jahrhunderte voller Frustration und Schwachheit. Auf tausenderlei Weise teilen Frauen nun mit:»Ich bin auch wichtig.« Sie experimentieren mit ihrer Macht und lernen, was sie damit anfangen wollen. Manchmal sind sie eingebildet oder in der Defensive, ambivalent und unsicher. Und meistens sind sowohl sie wie ihre Partner verwirrt.

Wie nie zuvor stehen Frauen nun vor der Wahl. Wie Kinder, die wie angewurzelt vor der mit Süßigkeiten überladenen Auslage einer Bäckerei stehen, sind auch sie überwältigt. Wie soll man da eine Entscheidung treffen? Die schauen alle gut aus, doch... was ist das beste für mich? Wird es mir dann auch gefallen? Ist es so gut, wie es aussieht? Kann ich, wenn ich dies nehme, das andere auch haben? Was ist, wenn ich es nicht mag? Was muss ich dafür bezahlen? Werde ich dick davon? Oder krank? Und die Kardinalfrage: Gibt es eine Garantie?

Man trifft seine Wahl, so gut man es eben weiß. Man hofft, dass man nicht von einer Erscheinung oder einem Traum zum Narren gehalten wird; man hofft, keinen ernstlichen Fehler zu begehen.

Man hofft, nicht zuviel zahlen zu müssen. In ihrer Unsicherheit entscheiden manche dann, dass sie in Wirklichkeit gar nichts wollen. »Ich geh lieber heim, da weiß ich, wie das Leben ist.« Und manche suchen die Auslagen weiter mit den Augen ab, selbst wenn sie das, was sie gewählt haben, schon essen. Das, was sie da essen, schmecken sie gar nicht.

Keine Entscheidung ist die einzig wahre. Wir treffen eine Wahl, und wenn wir das tun, dann wird sie dazu.

Was ist mit den Partnern, wenn Frauen so mit ihrer Unabhängigkeit experimentieren? Manche Männer geraten in Panik. Wo im Leben dieser geschäftigen Frauen haben sie denn einen Platz? Manche ihrer Freunde wurden von ihren Frauen verlassen, und sie fragen sich: »Wird mir das auch passieren?« Viele Männer sind wütend. Sie wollen, dass ihre Frau zu Haus bleibt. Sie möchten die früher von ihnen ausgeübte Macht zurückgewinnen. Sie wollen, dass die Familie sich wie früher um sie versammelt. Man nennt sie »männliche Chauvinisten«, und sie wissen nicht einmal, was sie Falsches taten oder sagten.

Und was ist mit dem Spaß, den sie früher im Bett hatten? Die Frau drückt Wünsche aus – sogar Forderungen. Heutzutage fühlt sich ein Mann im eigenen Bett nicht mehr als Mann. Nichts, was er tut, stößt auf Gegenliebe, weder im Schlafzimmer noch in der Küche.

Und doch gibt es für den Mann, der diese Herausforderung offen annimmt, mächtige Vorteile bei dieser Neueinteilung. Voller Stolz kann er zusehen, wie seine Partnerin draußen Erfolg hat. Er kann sein Leben mit jemand teilen, der sich am Leben freut und glücklich ist und der für sich selbst Verantwortung übernimmt. Er braucht nicht mehr die ganze finanzielle Last der Familie zu tragen. Durch die Aktivitäten seiner Frau außerhalb des Hauses erweitert sich auch sein Leben; so ist er für die Familie nicht das einzige Fenster zur Außenwelt. Und er darf die starre männliche Rolle ablegen, die so einengend formuliert, was »ein Mann« ist und was »ein Mann« tut.

Die alten, restriktiven, einengenden Definitionen dessen, was männlich und was weiblich ist, stehen im Zusammenhang mit Machtspielen und Manipulationen. In dem Maße, wie wir uns aus den traditionellen Rollen lösen, werden die archetypischen Waffen sowohl des Mannes wie der Frau unwirksam. Wenn eine Frau ihr eigenes Geld hat, kann der Mann Geld nicht mehr zur Manipulation der Frau benutzen. Und die Frau, die dem Mann mit sexueller Verweigerung droht, merkt, dass sie verlassen wird, denn der Mann kann nun leichter und sicherer als je zuvor ein außereheliches Sexualleben haben. Wer ist nun also wichtiger?

Keiner. Männer und Frauen sind gleich verletzlich. Der soziale und wirtschaftliche Druck, der ein Paar bisher zusammenhielt, ist geringer geworden. Was bindet nun die Ziegel, wenn es keinen Mörtel gibt? Wenn die Lockungen und Fesseln, mit denen man den Gefährten einfing und festhielt, nutzlos sind, wie soll ein Paar dann zusammenhalten? Wie die Zahl der Paare, die sich trennen, zeigt, bleibt ihnen, wenn der alte Zwang, beieinander zu bleiben, verschwunden ist, nichts übrig.

Unter den heutigen Bedingungen ist also neuer Mörtel nötig. Lieben wir einander? Sind wir glücklich? Können wir miteinander kommunizieren? Sind wir Freunde? Früher war ein Paar glücklich, wenn es dieses Gefühl für Kameradschaft und Liebe teilen konnte; das war mehr, als sie erwarten konnten. Im Allgemeinen kamen solche Fragen aber nicht einmal auf. Sie waren Mann und Frau, bis dass der Tod sie schied. Heute brauchen wir auf all diese Fragen ein Ja. Davon hängen unsere intimen Beziehungen ab. Was früher Luxus und schmückendes Beiwerk war, ist nun zum Wesentlichen geworden.

Liebe und Freundschaft erfordern Kontakt. Wir stellen diesen Kontakt her, indem wir uns mit dem beschäftigen, was wirklich zwischen uns vorgeht. Um noch mal auf die Geschichte von Liese und Fritz zurückzukommen, dort sehen wir, dass sie nicht die geringste Vorstellung von dem Kampf in ihrer Beziehung haben. Selbst vor dem verheerenden Wechsel ihrer Arbeitsplätze ist Fritz eindeutig in der Position des »Jetzt bist du unten.« Er reitet darauf herum, wie schwer seine Arbeit doch sei, und setzt ihre Arbeit herab. Auf der anderen Seite trägt ihr Zutrauen bei zu ihrer geheimen Überlegenheit. »So einfach ist es nun auch nicht«, erwidert sie und fordert ihn still heraus, es doch einmal mit der Hauswirtschaft zu versuchen.

Fritz möchte in seiner unbeholfenen Art vor allem Bestätigung für das, was er tut. Er möchte die Versicherung bekommen, dass er für Liese wichtig ist. Umgekehrt möchte sie das gleiche auch von ihm. Doch keiner hört den andern damit. Anstatt ihr Augenmerk auf den Vorgang zu richten, in den sie beide verwickelt sind, verfolgen sie die Spur, die der offenbare Inhalt ihres Streites vorgibt, nämlich wer härter arbeitet. So entgeht ihnen die Möglichkeit völlig, sich miteinander auf einer bedeutsamen, persönlichen Ebene zu befassen.

Persönlicher Kontakt in einer Beziehung ist als Zutat vergleichbar der Hefe beim Brotbacken: Was ansonsten flach und schwer wäre, wird nun leicht, weich und animierend.

## Fragen zu Kapitel 11

1.  Sagst du deinem Partner, dass er für dich wichtig ist? Wie teilst du das mit?

    _____

    _____

    _____

2.  Wie bekommst du die Botschaft, dass du wichtig bist?

    _____

    _____

    _____

3.  Sind Sex und Geld in eurer Beziehung Trumpfkarten? Auf welche Weise?

    _____

    _____

    _____

    _____

### Wahrnehmungsübung zu Kapitel 11

Dies wird Blind- oder Vertrauensspaziergang genannt. Er wird schweigend durchgeführt. Lasst eure Wahrnehmung, wie schon in der vorangegangenen Erfahrung, an erster Stelle stehen.

- Wählt, ohne zu sprechen, wer als erster »blind« ist. Derjenige schließt dann die Augen.
  Der andere ist dann der Führer, aber denk daran, Führer, dass du für die Sicherheit deines Partners Sorge tragen musst.
  Nimm ihn beim Arm oder an der Hand, was bequemer ist, und führe ihn ungefähr eine Viertelstunde lang umher und lasse ihn unterschiedliche Erfahrungen machen: bewegen, riechen, schmecken, berühren, vielleicht anderen Leuten begegnen. Lass dir etwas einfallen!
  Wenn möglich, ist es vorzuziehen, das ganze im Freien zu machen.

- Wechselt euch nach einer Viertelstunde ab, sodass derjenige, der bisher führte, nun die Augen schließt und »blind« wird und der andere die Augen öffnet und führt.
  Der jetzige Führer führt seinen Partner nun ungefähr eine Viertelstunde und vermittelt ihm ebenfalls unterschiedliche Erfahrungen.

- Wenn jeder einmal »blind« war, besprecht miteinander, was ihr erlebt habt.

### Fragen zum Wahrgenommenen

1. Hast du deinem Partner vertraut, als du blind warst? Brauchte es einige Zeit, bis Vertrauen zu spüren war?

2. Hast du deinen Partner zum Narren gehalten oder ihm einen Streich gespielt, als du Führer warst?

3. Manche Führer sind sehr beschützerisch und halten ihren Partner fest und eng an sich. Andere Führer geben ihrem blinden Partner viel Raum, sich zu bewegen und zu entdecken. Zu welcher Art von Führer gehörst du?

4. Führtest du deinen Partner so, wie du geführt werden wolltest? Entsprach das dem, wie dein Partner geführt werden wollte?

5. Was mochtest du lieber – führen oder »blind« sein?

6. Hast du durch diese Übung etwas über deine Beziehung erfahren? Was kannst du mit dieser Erkenntnis anfangen?

7. Hast du etwas gemacht, um diese (oder eine der anderen) Wahrnehmungsübungen zu sabotieren? Falls die Antwort »ja« ist, wird es vielleicht Spaß machen und von Vorteil sein, die Reihe noch mal durchzugehen und diesmal jeden Wunsch oder Versuch wahrzunehmen, die eigene Beteiligung oder die eures Partners zu sabotieren.

# 12. MENSCHENFRESSER, MÄRCHEN UND DIE GUTE ALTE EHE

Bohnenstauden, die in den Himmel reichen, und Menschenfresser, deren Reichtum aus goldenen Eiern besteht, gibt es nur im Märchen. Doch Beziehungen finden wir sowohl im Märchen als auch im wirklichen Leben. Da gibt es tyrannische Ehemänner und sabotierende Frauen; auch kennen wir anspruchsvolle Frauen und nachsichtige Männer wie den Fischer und seine Frau; wir treffen die ängstliche Titty Maus und Tatty Maus und tapfere Paare wie die Jumblies, die mit großen Hoffnungen in See stechen. Wir alle erkennen diese altertümlichen Ehen auch in unserer Stadt und unseren Häusern wieder.

Können sich Einstellungen und Verhaltensweisen denn überhaupt wirklich wandeln?

Ja, sie können. Wenn wir nämlich lernen, auf sie zu achten. In diesem Buch haben wir eheliche Beziehungen sehr eingehend betrachtet, es reicht aber nicht, sich selbst auf diesen Seiten wieder zu entdecken. Der nächste Schritt, der notwendig ist und zu dem wir herausgefordert sind, ist, unsere Ehe in eine lebendigere Einheit zu verwandeln. Darin liegt nämlich das ganze Potenzial: nicht in distanzierter Weise zu betrachten, was in der Ehe eines Freundes oder gar der eigenen passiert, sondern zu riskieren, uns auf uns selbst und unseren Partner einzulassen. Worin liegt denn die »Katastrophe« mit unserem Partner lebendig zu werden? Wir können anfangen, für unser Verhalten und unsere Beziehung Verantwortung zu übernehmen, indem wir wagen, das, was wir tun, wenn wir entweder Entfernung schaffen oder Kontakt herstellen, einmal zu erleben. Für das, was in unserem eigenen Märchen passiert, sind wir nämlich selbst verantwortlich.

Gibt es denn Schätze, die in der Ehe gefunden werden können? Ja, die gibt es, und es sind zudem Schätze, die, obwohl sie bis zu einem gewissen Grad auch unter anderen Bedingungen existieren, in ihrer größten Fülle in der Ehe gefunden werden. Ohne Zweifel ist gerade der Zustand, mit einem anderen, uns besonders lieben Menschen in einer Beziehung und einer Entwicklung zu stehen, ein Schatz. Und wenn diese Verbindung Kontinuität und Stabilität hat, was in der Ehe möglich ist, dann wird der Schatz noch größer.

An einer Ehe sind zwei Menschen beteiligt, die einander gut kennen, womöglich so gut, wie sie sich selbst kennen, vielleicht noch besser, und die einander immer noch lieben. Sie stehen einander zur Verfügung, wenn Unterstützung notwendig ist, sie sind füreinander da, um zuzuhören, sich zu kümmern, miteinander zu fühlen, sich auszulachen und gemeinsam zu lachen. Sie sind da, um einander zu gestatten, einfach zu sein, und das in einem Winkel der Welt, der nicht bedrohlich ist, wo man keine Berufsrolle einnehmen muss, oder sein Geld verdienen oder sich beweisen muss.

Damit zwei Menschen einander so gut kennen wie sich selbst, ist es notwendig, dass sie offen miteinander sind und sich sehen und hören. Wir haben, wenn wir uns unserem Partner offen, wenn auch manchmal ungeschickt und voll Unsicherheit nähern, die aufregende Aussicht vor uns, zu berühren und von jemandem berührt zu werden, der natürlich anders ist als wir, uns im Grunde genommen dennoch gleich ist. Wir haben beide die Möglichkeit, ähnliche Ängste und Träume und gleiche Gefühle zu erleben, obwohl sie vielleicht auf unterschiedliche Weise und in unterschiedlichem Maß ausgedrückt werden; beide können wir verletzen, weinen, lieben und lachen; beide wünschen wir uns, angenommen und geliebt zu werden.

In einer guten Ehe kann man einen Fehler machen und verliert trotzdem keinen Freund, die Ehe überlebt Fehler. Man kann ehrliche Gedanken und Gefühle ausdrücken; die Ehe überdauert momentanen Ärger und Missverständnisse. Ein vorübergehendes Gefühl von Hass und Missgunst kann durch den Ausdruck von Liebe und Anteilnahme aufgelöst und weggewischt werden. Wenn wir uns aber in Illusionen verlieben, dann verschwindet die Liebe, so wie sich die Illusionen in Luft auflösen. Wenn wir aber einen richtigen Menschen lieben, können wir nicht nur hinnehmen, dass er menschlich ist, sondern unsere Liebe kann sich sogar noch vertiefen, wenn wir alle Bausteinchen seines Menschseins kennen lernen.

In einer dauerhaften Ehe haben wir die Chance, einander im

Kontinuum der Zeit zu sehen. Und das ist selten und kostbar, da wir durch unsere Beweglichkeit in der Welt uns von Eltern, übrigen Verwandten und Freunden aus der Kindheit entfernen. Und häufig wollen Eltern, Verwandte und Freunde aus der Kindheit gar nicht, dass wir erwachsen und ganz wir selbst werden. Sie haben vielleicht andere Absichten mit uns. In der Ehe treffen wir auf eine wachsende Anhäufung gemeinsamer Erinnerungen und geteilter Träume. Und wir können lernen, die Angst, unseren Partner nicht zu beherrschen, zu überwinden, und einander als verantwortliche Erwachsene vertrauen, die ihre eigene Entwicklung und Entfaltung in die Hand nehmen.

So kann die eheliche Beziehung fruchtbarster Boden sein, auf dem wir unser menschliches Potenzial entwickeln können. Ihr lernt im Leben, euch anzupassen, zu fügen, flexibler zu sein. Ihr begreift, was es heißt, Kompromisse zu machen oder kleine Vorurteile und Gereiztheiten zu überwinden. Zusätzlich habt ihr ständig Gelegenheit zu reifen und nüchtern zu erkennen, dass man nicht ein für allemal »die Reife erreicht«, sondern sich ihr eher immer weiter annähert, je mehr man sich selbst erfährt, seinen Standpunkt vertritt, für seine Gefühle, Entscheidungen und sein Tun Verantwortung übernimmt. Ihr habt die Möglichkeit; das, was ihr von der Welt um euch herum seht und kennt, zu verdoppeln. Zwar habt ihr nur eure Augen, Ohren und Gefühle, eure Kenntnis und Einfühlsamkeit, doch könnt ihr, indem ihr eurem Partner zuhört, eine neue Perspektive und weitere Lebenserfahrung gewinnen. So lernt ihr durch diesen Prozess, was es heißt, jemand anderen so ernst zu nehmen wie euch selbst.

Durch die Zeitperspektive ist ein gegenseitiger Austausch möglich, wie er sonst zwischen zwei Menschen nicht stattfinden könnte. Jedes Paar entwickelt eigene Witze, Symbole und Wortspiele. Ein Paar, das seine Gewohnheit zu übertreiben erkannte, benannte eine Redensart »Buch der wahrhaftigen Wahrheit«. Wenn der eine sich vergewissern wollte, wie ehrlich die Aussage des andern sei, fragte er ihn: »Buch der wahrhaftigen Wahrheit?« Oder er würde diesen Satz hinzufügen, wenn er den andern von der Wahrhaftigkeit einer Aussage überzeugen wollte.

Die Zeit ist uns behilflich beim Lesen der Bedürfnisse und Wünsche unseres Partners, und nach einiger Zeit finden wir Wege, in besonders angenehmer Weise zu reagieren. So wünscht sich ein erschöpfter Ehemann vielleicht eine Fußmassage, wenn er von der Arbeit heimkommt; eine Frau möchte über ihre Frustration oder einen Erfolg in ihrer Arbeit oder ihrem Beruf reden. Der eine möchte gern gefragt werden: »Wie war dein Tag heute?«; der andere möchte in Ruhe gelassen werden. In der Ehe hat man immer die Möglichkeit zu teilen, sowohl die kleinen Alltagsereignisse als auch die ganz wichtigen Lebensereignisse. Einen Ehepartner zu haben, bedeutet, dass da jemand ist, dem immer bewusst ist, dass wir da sind, jemand, der weiß und den es etwas angeht, dass wir hier auf der Erde sind, jemand, der merkt, wenn wir krank sind, jemand, der tiefen Anteil nimmt, wenn wir sterben. Es bedeutet, jemanden zu haben, der sich an unserem Glück mitfreut, und jemanden zu haben, der im Unglück mitleidet.

Märchen und Ehen gibt es nun schon lange. Die Wege, einen Schatz zu finden, sind im Märchen traditionellerweise voller Gefahren. In der Ehe ist das nicht anders. Ich habe die Hoffnung, dass wir sie erkennen und ihnen begegnen können, ihre Feuer auslöschen oder zumindest kleinhalten können, indem wir Schilder aufstellen und einige der Fallen markieren oder manche der Drachen aus ihrem Versteck locken. Dann können wir unseren ganz eigenen Schatz entdecken, der vielleicht ganz anders ist als der Schatz von irgend jemand anderem und sich wohl auch von dem, was wir erwartet hatten, unterscheidet. Unser Schatz ist nämlich von eigener Machart. Sein Wesen, sein Wert, ja seine ganze Existenz ist davon abhängig, wieviel wir von uns selbst hineinstecken. Der Schatz in der Ehe wird nicht, wie der Schatz im Märchen, auf ewig gewonnen oder verloren. Jeder neue Tag, jeder neue Augenblick bietet sich an als neue Gelegenheit.

# EPILOG

Einer der großen Nutzen der Literatur besteht darin, dass man mehr über das Menschsein und darum über sich selbst, über die anderen und über die Welt lernt. Wir bemerken selten, dass wir zu allen Zeiten Erzählungen schaffen, indem wir unsere Geschichten viele Male wieder und wieder erzählen: meist leise uns selbst und manchmal laut anderen. Einige Leute gehen über die Straße und murmeln vor sich hin, erzählen fortwährend ihre Geschichten; sie sind die unglücklichen, die niemanden haben, der ihnen zuhört. Vielleicht hatten sie nie so jemanden.

Ich erinnere mich, wie ich mit einer Freundin von einem Treffen der Pfadfinderinnen nach Hause ging. Wir waren zwei scheue zehnjährige Mädchen. Es war Winter in New Hampshire und bereits am Nachmittag dunkel. Ein Mann hielt uns an, der betrunken immer wiederholte: »Ich steh' morgens auf, zieh' meine alten Klamotten an und geh' zur Maloche ...«

Andere von uns erzählen ihre Geschichten automatisch und wiederholt Fremden, die im Flugzeug neben ihnen sitzen, oder Freunden und Verwandten, die zu höflich sind, sie daran zu erinnern, dass sie die Geschichte schon gehört haben. Diese Erzählungen beruhen auf Anekdoten aus unseren Erfahrungen: die guten Zeiten, die schlechten Zeiten, die alltäglichen Situationen, die Beschreibungen von uns als Helden und als Opfer. Unsere Geschichten werden die Grundlage für unsere zukünftigen Erfahrungen, da wir sie nicht nur in unseren Gedanken wiederholen, sondern auch in unserem äußerem Tun. Mit ihnen bringen wir Leute wirklich dazu, als Statisten in diesem Theaterstück zu fungieren, in welchem wir die Hauptrolle spielen. Derart erzählen wir unsere Geschichte und schaffen sie zugleich. Unglücklicherweise können wir gefangen genommen werden, im Morast stecken bleiben und uns von den machtlosen Rollen hynotisieren lassen, die wir wieder und wieder in einem lebendigen Tod spielen. Wie die Märchen sind unsere Erzählungen hartnäckig.

Es gibt Kinderbücher, in welchen der Leser angewiesen wird, wo und wann er den Namen des Kindes einsetzen sollte. Dies ist ein Abenteuer, wo das Kind die Hauptperson ist! Was könnte für einen Heranwachsenden aufregender sein – oder einen Erwachsenen? Ist es nicht das, was wir immer tun, wenn wir ein Buch lesen oder einen Film sehen? *Wir* betreten eine Erzählung. *Wir* bestehen das Abenteuer. Das ist es genau, was in der Gestalttherapie geschieht. Wir sind die Schauspieler in dem Ereignis, hier und jetzt. Wir erfahren, entdecken und machen manchmal etwas, was wir nie zuvor gemacht haben. Es ist unsere Geschichte, die ihren Lauf nimmt. Weil es sich an diesem Ort und in diesem Moment um einen Prozess handelt, ist unsere Erzählung auch von uns geschaffen oder wiedererschaffen worden. Sie entspringt unserem Selbstausdruck, unserer Originalität und unserer Vitalität. Und wie alle gute Literatur können wir, wenn wir die Perspektive der Gestalttherapie einnehmen, nicht nur eine Wirklichkeit schaffen, nicht nur eine einzige Wahrheit, nicht nur einen einzigen Standpunkt einnehmen, sondern vielleicht viele Wahrheiten und viele Standpunkte. Es ist möglich, Widersprüche auszuhalten und Gegensätze innerhalb unseres Seins in uner Gewahrsein heben. Der Gestalttherapeut ist der Zuhörer und bezeugt die Erzählungen der Klienten. Aber mehr noch, er ist aufgrund der fortlaufenden Beziehung, die zwischen Therapeut und Klient besteht, ein Teilnehmer.

Ein Prinzip der Gestalttherapie besteht darin, das Unausgesprochene auszusprechen. Ich folge diesem Prinzip jetzt bezogen auf den Text dieses Buches. Obwohl es nirgendwo besonders vermerkt ist, ist die Gestalttheorie das Fundament dieses Buches. Es ist der Rahmen, durch den ich Verhalten sehe, höre und verstehe. Es ist die Struktur, die ich benutze, um menschliche Phänomene zu erklären.

Die Wurzeln der Gestalttherapie reichen tief. In ihrer Sicht ist die Welt systemisch, nicht linear, und holistisch, nicht atomistisch. Das Ganze ist mehr als seine Teile und verschieden von diesen. Das Qualitative zählt, nicht das Quantitative. Wissen wird durch Beziehung erlangt und in Zusammenhängen; durch gegenwartsbezogenes Gewahrsein, und nicht durch teilnahmsloses Beobachten oder Analyse der Teile. Der Prozess und die Gegenwärtigkeit wird gegenüber statischen Abstraktionen betont. Obwohl Frederick Perls allgemein als der hauptsächliche Entwickler dieses Ansatzes gilt, schreibt er in dem Vorwort zu der ersten Ausgabe seines frühesten Werkes, »Das Ich, der Hunger und die Aggression«, 1947: »Während ich dieses Buch geschrieben habe, erhielt ich große Unterstützung [...] vor allem von meiner Frau, Dr. Lore Perls.« Hier findet man die Anfänge der Gestalttherapie, »die Perspektive«, wie Perls es in seiner Einleitung zu der Ausgabe von 1966 nennt. Sie ist weiter entwickelt worden von Fritz und Laura (Lore) Perls und anderen in der 2. Hälfte des 20. Jahrhunderts. In seinem ersten Buch machte er »den Versuch [...], das Gefüge des psychoanalytischen Systems dort zu festigen, wo seine Unvollständigkeit und sogar Fehlerhaftigkeit am meisten ins Auge fallen:

a. bei der Behandlung der psychischen Gegebenheiten als existierten sie isoliert vom Organismus;
b. bei der Verwendung der linearen Assoziationspsychologie als Grundlage eines vierdimensionalen Systems;
c. bei der Vernachlässigung des Phänomens der Differenzierung« (S. 18).

Seine grundlegenden Änderungen bestanden darin,

»a. die psychologische Auffassung durch eine organismische zu ersetzen;
b. die Assoziationspsychologie durch die Gestaltpsychologie zu ersetzen;
c. differenzierendes Denken auf der Grundlage der ›schöpferischen Indifferenz‹ von S. Friedländer anzuwenden« (ebd.).

Das erste Kapitel von »Das Ich, der Hunger und die Aggression« zeigt das grundlegende Denken von Perls in den frühen 1940er Jahren. Er macht einige überraschende Beobachtungen zu Themen, die heute noch aktuell sind, beispielsweise die Unmöglichkeit einer »objektiven« Wissenschaft, das Versagen des Ursache-Wirkungs-Denkens und die Beziehung zwischen Beobachter und Beobachtetem. Hier sehen wir das Skelett, das die Perspektive für die Gestalttherapie lieferte.

In der Praxis der Gestalttherapie, die aus den obigen Konstrukten folgt, ist die Begegnung eine wichtige Quelle für Energie und Integration. Wenn ein Klient spricht, wird sie oder er immer ermutigt, zu jemandem oder zu etwas zu sprechen. Manchmal ist dieses »Gegenüber« eine Person aus ihrer oder seiner Lebensgeschichte. Beispielsweise sagt ein Klient: »Meine Probleme begannen wirklich, als ich vier Jahre alt war und mein Vater uns für immer verlassen hat. Und er hat nicht Lebwohl gesagt.« Um die Erinnerung des Klienten in die Gegenwart zu holen und ihm zu helfen, eine heilsame Erfahrung zu machen, indem das, was in der unvollständigen Lebenssituation fehlt, nachgeliefert wird, kann der Therapeut vorschlagen, dass der Klient seinem Vater den gleichen Satz direkt sagt. Der Vater ist nicht wirklich dort, aber das macht nichts. Die Vorstellungskraft des Klienten ist zusammen mit der Hilfe des Therapeuten ausreichend – vielleicht ist dieser ja sogar eine Art Modell für den Vater. (Wenn der Klient zögerlich ist, wird dies zum Fokus der Arbeit und führt zu anderen Formen der Untersuchung.) Dann ist ein Treffen zwischen dem Klienten und dem Vater möglich, nicht dem wirklichen Vater, sondern dem introjizierten Vater, den der Klient mit durch sein Leben nimmt. Auf diese Art wird die Erzählung zu einem Drama mit der Begegnung zwischen zwei Charakteren, dem Klienten und dem Vater. Die direkte Begegnung hilft, die Intensität des Prozesses zu erhöhen und damit das ganze Individuum einzubeziehen: Gedanken (Intellekt), Worte (Sprache), Ausdruck (Körper) und Gefühle. Die Bühne für eine mögliche Beendigung einer unfertigen Situation aus der Vergangenheit ist bereitet. Die Erzählung des Klienten wird vervollständigt. Die Beziehung zwischen dem Klienten und dem internalisierten Vater verändert sich; die Beziehung zwischen dem Klienten und sich selbst fügt sich mehr zu einem Ganzen, weil fehlende Teile ergänzt werden.

Das »Gegenüber« kann auch ein nichtintegrierter oder abgelehnter Aspekt des Klienten sein, also keine offensichtliche Verbindung zu einer anderen Person aufweisen. In dem folgenden Beispiel könnte der Auslöser ein älterer Bruder oder ein Nachbar aus der Kindheit sein, was sich in der Arbeit klären würde. Ein Klient sagt: »Einen Teil von mir wäre ich gerne los: Diesen Bullen in mir.« Es steckt kein wirklicher Bulle in dem Klienten. Was der Klient sagen will, ist: In manchen Situationen handelt er wie ein Bulle. Er mag dieses Verhalten nicht und würde in solchen Situationen lieber nicht so handeln. Der »Bulle« hat ein Eigenleben bekommen und die Kraft, etwas zu tun, was der Klient nicht mag. In diesem Falle würde eine Begegnung zwischen dem Klienten und dem »Bullen« es wert sein, ausprobiert zu werden, eine Gelegenheit, die machtvolle Introjektion »auszutreiben«, die solch ein Eigenleben zu führen scheint.

Eine Begegnung zwischen der »äußeren« und der »inneren« Person ist eine erneute Begegnung mit der Möglichkeit, die Lebensenergie zu entdecken, die in einer unerforschte Geschichte gefangen worden ist. Die Möglichkeiten für Begegnungen sind unbegrenzt. Der »Äußere« kann jeder Mensch oder jede Sache sein, auf die eine Person Kraft projiziert. Beispielsweise: »Ich habe einen Alptraum, der mich immer wieder peinigt.« Oder: »Eine Mauer ist zwischen uns entstanden und trennt uns.« Der Alptraum und die Mauer stellen projizierte Kräfte dar, die den Klienten zum Opfer machen. Das sind alles Beispiele für Fragmentierungen, die von der Chance zur Integration, zum Wachstum und zur Ganzheit begleiten werden.

Gestalttherapeutische Interventionen werden auch von vielen Therapeuten anderer Disziplinen als wirksam empfunden und sie werden von diesen »ausgeborgt«. Unglücklicherweise werden oft die grundlegendsten Voraussetzungen nicht verstanden, das »Skelett« des Gestaltansatzes. Ein Beispiel ist die ganzheitliche Perspektive. Es ist nicht einfach, die lineare Konzeption aufzugeben; es verlangt eine stark veränderte Sicht, um zu verstehen, dass das Verhalten des einen Partners nicht das des anderen verursacht. Ursachen sind nie einfach und nie gibt es nur eine einzige Ursache. Das Verhalten von jedem Partner ist eine Funktion des Verhaltens des anderen Partners; eine Funktion ist komplex und nichtlinear. Partner können allerdings gegenseitig Verhalten hervorrufen oder beeinflussen; so wenn der eine eine dominante und der andere eine untergeordnete Position einnimmt. In jedem Falle formt das Paar ein System und ist Teil von größeren Systemen. Es kommt darauf an, wo man die Grenze zieht. Die ganzheitliche Perspektive schließt die Beziehung ein, die ein Individuum zu seinem »Feld« – zu seiner ganzen Umwelt – im Laufe der Zeit und in jedem aktuellen Moment hat.

Der Dialog mit den zwei Stühlen ist ein Beispiel einer anderen Intervention, die weithin »ausgeborgt« wird. Sie wird als segensreich

angesehen, um eine Verlangsamung herbeizuführen und die unausgesprochenen Anteile in den Gesprächen mit sich selbst und mit anderen offen zu machen. Es ist nützlich, Widerstreitendes in einem Individuum ans Licht zu bringen, den Ärger über die Vergangenheit oder
den Groll über den Tod eines Verwandten, um nur drei Fälle zu nennen. Das ist nicht der Endpunkt der Therapie, sondern eher Teil eines
größeren Prozesses der Arbeit an der Integration. Therapeuten mögen
diese Methode umsichtig und mit guten Ergebnissen einsetzen, auch
ohne etwas von dem tieferen Prozess zu verstehen, durch den man sich
Projektionen wieder aneignet und für Kontakt offener wird, Kontakt
sowohl mit sich selbst als auch mit anderen. Sie mögen nichts von den
Prinzipien der organismischen Regulation, kreativen Indifferenz und
der Ganzheit wissen. Aber wenn sich jene Therapeuten der potenziellen Kraft dieser Prinzipien bewusst werden würden, dann könnte ihre
Arbeit durch originelle und schöpferische, auf die Situation maß-
geschneiderte Interventionen wirkungsvoller werden.

Die Gestalttherapie hat den Maßstab gesetzt für ein flexibles,
offenes System, um mit der Wirklichkeit umzugehen und sie untersuchen zu können; sie ist weniger eine ausgearbeitete Theorie mit
Lehrbüchern. Auf »Verstehen«, eine vornehmlich kognitive Tätigkeit,
wird verzichtet zugunsten von Erfahren. Erklärungen, Rationalisie-
rungen und Rechtfertigungen von unserem Verhalten und dem anderer werden zur Seite geschoben zugunsten von kontaktreicher Interaktion. Gestalttherapeutische Interventionen aller Couleur sind als
Experimente und Entdeckungsreisen gedacht, sei es die Arbeit an
Gegensätzen, an Unterbrechungen, an »Ticks« oder an der Stimme;
sie liefern sowohl dem Klienten als auch dem Therapeuten jeweils
aktuelle Informationen, wie der Klient seine »Tatsachen« organisiert.
Sie entlocken Erfahrung durch Gewahrsein und Kontakt.

Der kraftvolle Aspekt aller Gestaltarbeit ist es, einen ganzheitlichen Ansatz zu bewahren. Wir müssen uns daran erinnern, dass unsere sprachlichen Fähigkeiten begrenzt sind, Wissen über uns und unsere Mitmenschen zu erlangen. In der therapeutischen Arbeit mit Einzelnen und mit Paaren ist es darum wichtig, dass die Klienten ihre
körperlichen und seelischen Regungen wahrnehmen. Diese stellen einen direkten Weg zum Gewahrsein und zum Selbstausdruck dar, in-

dem sie die Warum-Fragen, die Erklärungen des Verhaltens anderer und all die erlernten Reaktionen umgehen, wie wir sie in unseren endlosen Litaneien wiederholen. Gewöhnlich haben unsere automatischen Erklärungen nur wenig oder gar nichts mit dem zu tun, was wirklich in dem Moment erlebt wird.

Jede Antwort eines Klienten eignet sich dazu, die nächste Intervention des Helfers zu bestimmen. Dies geht Schritt für Schritt auf ein unbekanntes Ergebnis zu. Durch solche Sequenzen, die eine bedeutungsvolle Beziehung zwischen Therapeut und Klient einschließen, zeigen sich unbeendete Situationen in der Psychobiografie des Klienten. Vermisste Aspekte im Leben des Klienten werden aufgedeckt. In der therapeutischen Situation ist es am wichtigsten zu helfen, dass die Klienten eine gesicherte Grundlage haben, um von ihr aus ihr vollständiges Sein auszuweiten. Eine Vertiefung und Erweiterung ihres Bewusstseins würde diesen Prozess begleiten; er würde ihr Verhalten wichtiger und bedeutsamer machen und durch Gegenwartsbezogenheit für mehr Gewahrsein und Kontakt mit sich und anderen öffnen.

Während dem letzten dutzend Jahren sind Wege entwickelt worden, um persönliche Erzählungen in der Psychotherapie zu benutzen, besonders von White und Epston (1990). Sie teilen bestimmte Aspekte des Weltsicht der Gestalttherapie, so die Wichtigkeit der persönlichen Erfahrung in der Gegenwart bezogen auf die Bedeutung, die der vergangenen Erfahrung beigelegt wird, die Wichtigkeit der Erzählung als ein Beispiel für Dinge, die sich über die Zeit hinweg entwickeln, sowie die Wertschätzung der Vielfältigkeit von Bedeutungsmöglichkeiten. Ihre Praxis, das Problem zu externalisieren und zu personifizieren, erinnert an die Wendung der Gestalttherapie, das explizit zu machen, was impliziert ist. Sie betonen die Verantwortung des Klienten, seine Erzählung zu schaffen, sowie das in jeder Person vorhandene Potenzial, ihre Erzählung zu ändern und zum Herr ihres Lebens zu werden.

Der Gestaltansatz setzt auf das Gewahrsein als vorrangiges Interesse. Weil wir so stark emotional in unsere Beziehungen verstrickt sind, ist es schwer für uns, neutrale Beobachter von uns und unseren Partnern zu sein. Wir können von einem Wissenschaftler erwarten, fähig zu sein, ein Phänomen auf nichtemotionale Weise anzuschauen, aber selbst diese finden das schwer oder gar unmöglich. Vor vielen Jahren habe ich das folgende Zitat gelesen, das Jack Eddy vom Harvard-Smithsonian Center for Astrophysics zugeschrieben wird: »Aber die Wichtigkeit der Sonne als die letztendliche Quelle der Energie und des Lebens auf der Erde macht es schwer, sie in einer unberührten Art zu untersuchen. Wir verlangen Dinge von der Sonne, die wir nicht von anderen Sternen fordern.« Was für ein überraschendes Beispiel menschlicher Fehlbarkeit steckt in dieser Aussage! Angesichts der Forderungen, die wir an uns und unsere Partner stellen, ist es kein Wunder, dass wir uns und unsere Beziehungen nicht in einer unberührten Art betrachten können. Hier können die Ehepaare aus den Märchen Abhilfe schaffen.

Wir können die gegenseitige Abhängigkeit der Paare sehen, die in Märchen porträtiert werden. Ihre Geschichten sind unsere Geschichten – mit einem Unterschied. Wir sind von ihren misslichen Lagen nicht so bedroht wie von unseren eigenen; wir sind emotional nicht so befangen. Wir können uns genügend mit ihnen identifizieren, um die Ähnlichkeiten zu sehen, aber nicht so stark, dass wir in ihrem System so wie in den unsrigen gefangen werden. Sie liefern einen angenehmen und sicheren Weg in unsere eigenen Geschichten. Verglichen mit den Märchencharakteren, die ein erstaunlicher Mangel an Wissen und Können kennzeichnet können wir auch erkennen, wie viel wir haben, um damit zu arbeiten. Sie haben keine Freude. Niemand verfügt über Humor. Obwohl das, was sie wieder und wieder miteinander treiben, zu nichts führt, treten sie nie zurück und werfen einen Blick auf sich.

Ich benutze die Märchenerzählungen als ein Vehikel, um meine Sicht auf die Beziehungen und die der Ehe innenwohnenden Fallstricke zu zeigen. Wie ich schon gesagt habe, ist das der Rahmen, durch den ich schaue, um dem Verhalten und den Interaktionen der Leute Sinn abzugewinnen. Ich schreibe in Kapitel eins von *Zwei in einem Sieb* darüber, wie man in ein Netz aus Sollens-Sätzen gerät, indem man versucht, unvernünftigen Maßstäben einer »idealen Ehe« gerecht zu werden. Daraus folgt unvermeidlich Versagen und Enttäuschung. Oft scheinen wir mit der gleichen Kraft gegen uns selbst zu arbeiten, die wir einsetzen, um unsere Ziele zu erreichen. Meist haben wir keinen Erfolg, wenn wir daran denken, wie wir in der Zukunft («morgen« oder »von jetzt an«) sein sollten, dies planen und uns auf Abstraktionen beschränken. Der Gestaltansatz sieht Veränderung als eine Folge von Gewahrsein und Wachstum durch Erfahrung, nicht als ein Ergebnis einer vagen Entscheidung dazu, sich zu »bessern« oder eine »ideale Ehe« zu führen. Unsere Haltung und unser konkretes Verhalten in einem Moment ist es, was eine neue Situation schafft. Lassen wir beispielsweise in einem bestimmten Moment unsere negativen Bewertungen beiseite, werden uns unserer Handlungen gewahr und entscheiden uns, *mit* unserem Partner zu sein? Helfen wir in diesem Moment dabei, die Art Beziehung zu schaffen, von der wir sagen, dass wir sie wollen? Verhalten wir uns sorgend, verständnisvoll, unterstützend, leicht oder wie immer es die Situation verlangt, um einen positiven Kontakt herzustellen – jetzt? Können wir das, ohne Erwartungen zu haben? Ah, das ist schwer! Wenn wir Erwartungen nach einem gewünschten Ergebnis hegen, wie unser Partner sein oder wie er antworten sollte, beginnen wir, unseren Partner und die Situation zu manipulieren. Wir schaffen dann, was Martin Buber (1923) eine »Ich-Es«-Beziehung nennt. Dies mag in einem isolierten Falle dazu führen, dass wir bekommen, was wir wollen, aber nicht auf lange Sicht. Es wird nicht helfen, eine Beziehung aufzubauen, die von gegenseitigem Vertrauen und Respekt voreinander gekennzeichnet ist. Durch den Prozess der Gestalttherapie bilden und fördern wir fortwährend Zugänglichkeit und Verantwortung und legen die Grundlage für eine »Ich-Du«-Beziehung (um Bubers Ausdruck zu gebrauchen), ohne dass unsere Resentiments aus der Vergangenheit oder Ängste vor der Zukunft im Wege sind.

Das Obige illustriert den Unterschied zwischen Ziel und Prozess. Es macht Gewahrsein, Wahl und Engagement deutlich – alle Zutaten von persönlicher Verantwortung und Selbstaktualisierung in einer Interaktion: Treffen, Begegnung, Kontakt. Diese Themen finden sich in den Fragen und Gewahrseins-Übungen am Ende der Kapitel wieder.

In Kapitel zwei stelle ich die begrenzten Möglichkeiten von dem Menschenfresser und seiner Frau vor. Wie alle Paare haben sie ihre Tricks, um mit dem jeweils anderen fertig zu werden. Der Menschenfresser, der tyrannische Gatte, »brüllt … entweder seine Befehle, oder er stößt seine Drohungen aus«. Seine Frau »spielt … die untergebene Frau« und »besänftigt« ihn mit »ihren ruhigen Worten«. Sie lässt auch Jack ins Haus und wird seine Komplizin in dem Vergehen an dem Menschenfresser, indem sie ihn im Ofen versteckt. In der Sprache der Gestalttherapie beruht diese Ehe darauf, die Rollen »top-dog« und »under-dog« auszuleben. Wenn diese Art Konflikt innerhalb einer Person ausgetragen wird – das heißt, es entsteht ein innerer Dialog zwischen einer inneren Stimme, die Forderungen stellt (»Iss keine Schokolade mehr!«), und einer anderen, die Ausflüchte macht, um die Forderungen nicht erfüllen zu müssen (»Aber es ist mein Geburtstag«) –, kann sich das zu einem lebenslangen Kampf auswachsen und man hat keine Ruhe mehr vor diesem Dialog, der schon in der Kindheit begonnen hat. Wenn einer aus dem Paar die Position des *top-dog* im Verhältnis zu der *under-dog*-Position des Partners übernimmt, wird das im wirklichen Leben mit wiederholten Forderungen und Akten der Sabotage an den Menschenfresser und seine Frau erinnern.

Titty Maus und Tatty Maus, das Paar in Kapitel drei, machen immer das gleiche. Man kann eine nicht von der anderen unterscheiden. Wissen sie etwas über Kontakt? Perls definiert Kontakt als »Anerkennung von Unterschieden«. Das heißt, wenn man in Kontakt miteinander ist, nimmt sich jeder selbst wahr und den anderen als ein von sich unterschiedenes Seiendes. Die körperlichen Empfindungen, Gedanken und Gefühle werden als die eigenen und als unterschieden von denen des anderen wahrgenommen. Wenn kein Unterschied erfahren wird, wird dies in der Gestalttherapie als Konfluenz bezeichnet. Menschen in frühen Stadien der Verliebtheit sind von Konfluenz entzückt. Jede Übereinstimmung, jedes gleiche Interesse wird gefeiert. Für manche Paare ist dies der Weg des geringsten Widerstandes; im Laufe der Zeit scheint dies einfacher zu sein, als einen Platz für sich selbst zu suchen, sich auseinander zu setzen und sich vielleicht gehässige Bemerkungen über die eigenen Entscheidungen anhören zu müssen. »Wenn du mich lieben würdest, würdest du immer mit mir übereinstimmen.«

Der Fischer und seine Frau entsprechen in einer Hinsicht den meisten Paaren: Sie haben ihre unausgesprochenen Abmachungen. Keiner der Partner wird mit der kargen Existenz wirklich zufrieden sein. Zusammen sitzen sie ihre lebenslange Strafe ab, die nicht von einem Gericht verfügt worden ist, sondern allein von ihnen selbst. Die Fragen und Experimente am Ende von Kapitel vier stellen einen guten Startpunkt für Paare wie »Herr und Frau Fischer« dar. Sie müssen miteinander sprechen und sich auf neue Art und Weise kennen lernen. Selbstöffnung – das heißt über seine Hoffnungen, Träume und Befürchtungen zu sprechen – ist solch ein guter Weg, etwas über einander zu lernen. Der Prozess, sich einander mitzuteilen, reicht oft schon aus, damit sich etwas ändern kann. Wenn die Menschen nie die Fähigkeit entwickelt haben, an der Geschichte des jeweils anderen interessiert zu sein oder ihm mit Empathie zuzuhören, könnte die vordringlichste Arbeit darin bestehen, dem Gram der vergangenen Jahre Platz zu geben, als keiner dem anderen zugehört hat.

Die Erzählung von der halb gefüllten Teetasse ruft stets Gelächter bei den Zuhörern hervor. Kann es sein, dass viele von uns ähnliche Erfahrungen gemacht haben? Wie schnell doch unsere pseudo-logischen Gedanken behaupten, wenn A so sei, müsse B so sein. Wenn eine Frau eine halbe Tasse Tee einschenken könne, ist sie »ein Wunder«. Wenn ein Mann mich attraktiv findet, wird er ein perfekter Gatte.

In der Gewahrseins-Übung am Ende des Kapitels frage ich die Leser, ob sie sehen, was sie sehen wollen, wenn sie einander treffen. Dies wirft die Frage unserer Subjektivität auf und wie selektiv wir sehen und hören. Wir werden mit so vielen Daten konfrontiert, wenn wir eine Person treffen und ihre Stimme und Worte hören, dass wir nie alle davon registrieren können. Was wählen wir dann aus diesem Überfluss an Informationen aus? Der Prozess der Auswahl läuft unbewusst ab. Wir sagen uns nicht, dass wir nur dies oder das sehen und hören wollen. Wie die »sieben Blinden« bezüglich des Elefanten*) denken wir, dass das, was wir sehen, hören oder fühlen, alles ist, was da sei.

---

*) Die auf eine Sufi-Legende zurückgehende amerikanische Kindergeschichte, in der Blinde einen Elefanten ertasten und dann beschreiben; z. B. der, der den Rüssel erwischt, sagt, ein Elefant sei wie ein Schlange; der, der einen Stoßzahn berührt, sagt, ein Elefant sei wie ein Speer usw. [Anm. d. Übers.]

Unsere Interessen, unsere Haltungen, Bedürfnisse und Wünsche, unsere Vorurteile und Befürchtungen, helfen uns festzulegen, was wir beobachten. Diese und weitaus mysteriösere – biologische und psychologische – Impulse führen uns dazu, Menschen gleichgültig zu begegnen oder sie als mögliche Partner in Betracht zu ziehen. Wir nehmen nur ein kleines bisschen von jemandem auf und schaffen uns den Rest selbst. Wir projizieren auf den anderen das, was wir sehen wollen, und daraufhin verlieben wir uns in ihn. Unsere Freunde und Verwandten können uns von dem bisschen berichten, was *sie* sehen, aber sind wir daran interessiert? Natürlich nicht. Und wir stechen in See – wie die Jumblies in Kapitel eins – nicht nur mit einem unzureichenden Gerät, sondern auch mit einem Fremden als Partner, der ebenso unerfahren ist wie wir. Und ohne Kompass!

Neben der Projektion im Sinne davon, der anderen Person gewisse Qualitäten, Talente oder Haltungen zuzuschreiben, die sie für uns attraktiv machen, halte ich es für wichtig, die negative Projektion in Betracht zu ziehen. Auf der Grundlage der geringen Informationen können wir uns auch vorstellen, dass der Gegenüber Eigenschaften und Charakteristika hat, die wir negativ bewerten. In jedem Falle, ob negativ oder positiv, schieben sich die Projektionen zwischen den guten Kontakt der Leute. Anstatt auf die wirkliche Person einzugehen, suchen und sehen wir, was wir erwarten. Wir sind darauf aus, jene Verhaltensweisen auszuwählen, die das bestätigen, was wir über den anderen »wissen«, und klammern alles aus, was unser Vorurteil erschüttern könnte. Besonders bei Partnern, Eltern und unseren Kindern machen wir das. Durch den ganzheitlichen Standpunkt, der dem Gestaltansatz eigen ist, wird das Kennenlernen und das Integrieren – oder das Zueigenmachen – der Projektionen zu einem wichtigen Aspekt der therapeutischen Erfahrung. Träume durchzuarbeiten wird als ein erfolgreicher Weg gesehen, entfremdeten Anteilen der eigenen Person zu begegnen, sie zu erfahren und zu beginnen, sie zu integrieren. Der Einsatz vom Dialog mit zwei Stühlen, in welchem einer der beiden Stühle als der »Stuhl der Projektion« bezeichnet wird, ist auch ein praktischer und kraftvoller Weg für Klienten, projizierte Haltungen, Eigenschaften und Charakteristika zu erfahren. Wenn die Klienten auf dem Projektions-Stuhl sitzen, erhalten sie Gelegenheit, die Kraft zu schöpfen, die sie in eine Person (oder Sache) projiziert haben, mit der sie einen chronischen Konflikt oder vielleicht auch nur einen einzelnen heftigen Streit ausgetragen haben. Klienten mögen ihren eigenen Weg der ausdrucksstarken Kraft in jedem Stuhl entdecken. Möglich ist aber auch, dass sie nicht das Vertrauen haben, sich auszudrücken, selbst nicht in der Sicherheit einer therapeutischen Situation. Könnte der Fischer beispielsweise Worte finden, wenn er sich vorstellte, seine Frau säße ihm gegenüber? Könnte er Forderungen stellen? Wenn er allerdings auf dem Projektions-Stuhl in der Rolle seiner Frau sitzen würde, könnte er entdecken, dass er das Potenzial besitzt, seine eigene Person zu sein, sich auszusprechen und Forderungen zu erheben, »Nein« zu sagen ebenso wie »ja, Liebes, was immer du willst« – zuerst in der Rolle seiner Frau und später dann vielleicht als er selbst.

Zusammenzuwachsen braucht Zeit und gemeinsame Erfahrungen, ob das nun die Geburt eines Kindes, der Tod eines Elternteils, ein aufregendes Abenteuer in der Wildnis oder das Bestehen einer wichtigen Herausforderung ist. Jeder Tag bietet Chancen für intime Momente des Teilens, Sprechens und Berührens. Auf diese Art mag der Gestaltansatz als »optimistische« Therapie gelten. Immer ist ein neuer Augenblick zur Hand. Jeden Tag gibt es Gelegenheit für ein Lächeln, eine Anerkennung, ein Geben oder ein Nehmen.

Was hindert am Zusammenwachsen? Wir sehen Beispiele in den Märchen: Zwangshandlungen, Sprachlosigkeit, fehlender Antrieb, etwas Neues auszuprobieren – ausgenommen Schlemihl in »Der Herr im Haus«, und er hat eine harte Prüfung vor sich. Fritz und seine Frau Liese haben etwas ganz anderes getan. Müde, ihn über die Schwere seiner Arbeit prahlen zu hören, wobei er ihren Beitrag klein machte, zog Liese die Hosen an und ging hinaus, um das Heu zu sensen. Und sie lebten, wie wir hören »bis in Ewigkeit in Glück und Frieden«. Was für ein Glück es für uns ist, dass wir nicht in Märchen gefangen sind, außer in jenen, die wir uns selbst machen. Und gewiss können wir, wenn wir unsere Geschichte(n) nicht mögen, sie auch ändern. Wir können das Bedürfnis nach Veränderung erfahren, Kraft sammeln und gemeinsam daran wirken, unsere Erzählung neu zu schaffen und uns ihrer erfreuen. Dabei entdecken wir, was wir wollen und was wir brauchen, um dorthin zu kommen.

## »ERZÄHL' MIR 'NE GESCHICHTE«
## NACHWORT VON GORDON WHEELER

Menschsein heißt, das Selbst durch eine Erzählung in sich selbst zu gründen, ebenso in die Zeit, in den Ort, in das Ziel und in die Welt der Mitmenschen. Volles Menschsein bedeutet, Teil einer größeren Erzählung zu sein und sich als ein solcher Teil zu fühlen. Man stellt einem Kontext der Bedeutung und Verbindung her, der tiefer und weiter reicht als das individuelle Selbst. Der Kontext wird empfangen aus der Tradition, sodass wir uns außerhalb von uns in der Welt finden können, aber auch »innerhalb« – wir finden jene Welt ebenso in uns als *unsere* Welt, die Welt, in der und für die wir Verantwortung tragen. Jede traditionelle Kultur weiß dies: Natürlich ist »Kultur« selbst eine Erzählung, die sie definiert und die Einzelnen mit dem Ganzen verbindet und das Ganze mit dem Rest der Welt. Ohne ihre Erzählung hört eine Gesellschaft auf, Kultur zu sein, ein bedeutungsvolles Ganzes, und zerfällt in eine misstönende Sammlung von widerstreitenden Teilen, wie wir es um uns herum überall auf der Welt heute beobachten. Jedes Kind weiß es ebenso, weil das erfahrene Selbst auch eine Erzählung ist. Die universelle Bitte »erzähl' mir 'ne Geschichte« ist immer ein unbedingter Teil des Wunsches danach, das Selbst zu verorten und zu erweitern.

Das Gestaltmodell weiß dies gleichfalls, wenn auch die narrativen Methoden und Konzepte sich im Laufe der Entwicklung des Modells erst später als viele andere Begriffe ausgeformt haben. Wir erkennen diese Wahrheiten nicht nur in der Traumarbeit und den dialogischen oder intersubjektiven Begegnungen an, für die die Gestalttherapie bekannt ist, sondern auch in den grundlegendsten Voraussetzungen der Phänomenologie und der gestalttherapeutischen Perspektive des Feldbegriffs selbst. Beide Ansätze bestehen darauf, dass das »in der Welt Sein« nicht nur darin besteht, auf Reize zu reagieren oder sich »zu verhalten«. Vielmehr beruht das »in der Welt Sein« auf der Mit-

Konstruktion von bedeutungsvollen Ganzheiten und kehrt zu ihr zurück. Damit ist die Integration des ganzen Feldes der Erfahrung gemeint: Die »innere Welt« unserer Erinnerungen, Glaubenssätze, Bedürfnisse, Wünsche und Sehnsüchte wird verbunden mit der »äußeren Welt« der Ressourcen, Gefahren, Ursprünge und Ziele – und der meisten anderen Menschen, die beide Welten bevölkern. Das Erzählen ist es, das die ganze experimentelle Welt zusammenhält und uns mit einem Platz in ihr versorgt, das der Welt einen Platz in uns gibt und in der fortwährenden beweglichen Mit-Schöpfung, die wir als Selbst-in-der-Welt erleben.

Jetzt vor nahezu einem Jahrhundert sprach die erste Generation der Gestaltisten von den Eigenschaften dieser Bedeutungsganzheiten, die man als »gute Gestalten« bezeichnete. Die Bildung dieser »Gestalten« entspricht unserer tiefsten Natur und bestimmt fast ununterbrochen unser Handeln. Diese Eigenschaften wurden mit Begriffen belegt wie »Grenze«, »Stimmigkeit«, »Besonderheit«, »Lebendigkeit«, »Ausdruck« und »Helligkeit« – und jener menschlichsten aller Qualitäten, die »Prägnanz« genannt wurde; das ist die Tendenz einer jeden Situation, jedes bedeutsamem Ganzen, irgendwo hin zu weisen, zum nächsten Schritt zu drängen. Dies ist die Entfaltung der Synergie unseres Selbst, der Impuls aus unserem Inneren, der sich mit der Energie des größeren Umfeldes verbindet. »Prägnanz« ist auch die gerichtete Selbst-Organisation, die wir als Absicht erfahren – sowohl das Erbe unserere psychischen Evolution als auch unsere am klarsten hervorstechende Fähigkeit. Es handelt sich um das »Nächste« von Goodmans berühmter Wendung »Das Hier, das Jetzt, das Nächste« [*here, now, next*], die Qualität, ohne die eine Erzählung in sich zusammenfällt – und ein Leben leer wird, bedeutungslos, »nicht lebenswert«.

Weniger bemerkt worden ist, dass diese Eigenschaften der »guten Gestalt« auch genau die Merkmale einer guten Erzählung sind, wie sie etwa die narrativen Therapeuten Michael White und David Epston (1990) diskutierten, dabei allerdings eine andere Sprache verwendet haben. Dies ist der Grund, warum ein Märchen aus China oder Sumer, vielleicht von vor tausenden von Jahren, unmittelbar verständlich ist und jedes Kind im heutigen Afrika oder Amerika verzaubert. Erzählungen sind unsere tiefsten Verbindungen zu einander, so tief wie die Verkörperung selbst. Wenn wir erzählen, erreichen wir eine Ebene der menschlichen Natur, die der Kultur und Zeit sowohl zugrundeliegt als sie auch überschreitet; wir stützen uns dabei, ebenso wie sie, auf jenes grundlegende Teil unseres Selbst, das sowohl Zeit als auch Kultur schafft und diese dann benutzt, um unsere Erzählungen darin einzuhüllen. »Zeigen Sie mir eine Kultur, in der die Menschen keine Namen haben«, sagt die Gestaltlehrerin Sonia Nevis, »und ich garantiere Ihnen, dass diese Leute zu verschieden von uns sind, um mit ihnen über die Kulturgrenzen hinweg kommunizieren zu können.« Wir können sogar noch weiter gehen: Zeigen Sie uns eine menschliche Gruppe ohne Erzählungen, und wir würden in Frage stellen, ob es sich wirklich um Menschen handelt.

Inzwischen gibt es, da das Gestaltmodell sich weiterentwickelt und seine Perspektiven und Anwendungen über die ganze Welt erstreckt hat, eine eigene Tradition und Schulrichtung der narrativen Therapie, die zum Teil in der Bewegung der Familientherapie begründet ist. Einen reichhaltigen Ausdruck findet das in den Arbeiten von White und Epston (1990), Hoffman (1994) und Freedman und Combs (1996), um nur einige zu nennen. Die Parallelen und gegenseitigen Beeinflussungen dieser beiden Ansätze sind sowohl tief als auch fruchtbar. Beide Ansätze gründen in der erlebten Selbsterfahrung einer subjektiven Person; jeder sieht das Subjekt als aktives Agens der Selbstorganisation im Feld der Erfahrung an; und beide erkennen in der sozialen Konstruktion der Bedeutung die zentrale organisatorische Aktivität des Lebens, des Prozesses, der das Verhalten, das Wachstum und die Beziehung organisiert und informiert. Es ist an der Zeit – oder eigentlich schon fast überfällig –, dass diese beiden Traditionen zueinander finden, in einen Dialog eintreten und sich gegenseitig befruchten in jenem energetischen Prozess, den wir in der Gestalttherapie als *Kontakt* bezeichnen, das heißt die Begegnung, in der sich die Organisation des gemeinsamen Feldes verändert und dabei diejenigen verändert, die Teil des Feldes sind.

So ist es für Gestaltisten wichtig, vom Gestaltstandpunkt aus über das Narrative zu schreiben und von Erzählungen in der Therapie Gebrauch zu machen. Dieser Prozess hat in der [englischsprachigen] Literatur der Gestalttherapie kaum erst begonnen. Allerdings gibt es bereits zwei wichtige Veröffentlichungen zu diesem Thema, die auf ziemlich unterschiedliche Art die beiden Traditionen – Gestalttherapie und narrative Therapie – auf schöpferische Weise zusammenbringen. Eine davon ist »Das kollektive Schweigen: Nationalsozialistische Vergangenheit und gebrochene Identität in der Psychotherapie« [hg. von Barbara Heimannsberg und Christoph J. Schmidt, 1988; 1994 Veröffentlichung in den USA unter dem Titel »The Collective Silence: German Families and the Legacy of Shame«]. Hier entfalten ein dutzend deutsche Therapeuten, die meisten ausgebildet in Gestalttherapie, Geschichten des eigenen Lebens und der Arbeit mit den heute erwachsenen Kindern der Kriegsgeneration in Deutschland. Sie und ihre Klienten ringen darum, einzeln und gemeinsam eine zerbrochene Geschichte zu heilen sowie Bedeutung und Identität ihres eigenen Lebens zurückzuerlangen, selbst wenn dies heißt, sich tragischen oder unerträglichen Wahrheiten gegenüber zu sehen, die von den Familien der Opfer, der Täter und der Zeugen gleichermaßen oft versteckt und mit Schweigen belegt worden waren. Im Laufe dieser Arbeit lernen sie alle gemeinsam die Lektion von Heilung und Wachstum nach einem unerträglichem Trauma. Besonders wichtig ist die Lektion, dass Tragödie und Scham nie allein ertragen und integriert werden können. Erneuerung und Wiederherstellung des Selbst müssen vielmehr damit beginnen, die unerträgliche Wahrheit einem willigen Zuhörer zu erzählen, wenn nötig wieder und wieder, bis die Wahrheit gewusst und geteilt und in eine für das Individuum und für die Kultur als ganzes bedeutsame Lebensgeschichte integriert wird. Die meisten der Autoren fühlten sich durch das Gestaltmodell darin unterstützt, zu den Lebenden zurückzukehren. Sie kamen wieder ins Reine mit ihrer eigenen bedeutsamen Konstruktion des Selbst und des Kontextes – das heißt mit ihren Erzählungen – nach langewährenden Frustrationen und Enttäuschungen, die ihnen ihre hergebrachten Therapiemodelle zugefügt hatten, weil sie zu verlangen schienen, das eigene Bedürfnis nach einer selbst geschaffenen, erzählten Bedeutsamkeit zugunsten einer aufgezwungenen Interpretation zurückzustellen.

Die andere Veröffentlichung in dieser kurzen Liste halten Sie gerade in der Hand. Es ist die erste, die Erzählungen als ein Instrument in einem experimentellen Ansatz benutzt, der von den Prinzipien des Gestaltmodells ausgeht.*) Hier nimmt uns die bekannte Gestalttherapeutin, Autorin und Dozentin Judith Brown auf eine magische Reise in die Welt der Märchen und Volkserzählungen. In ihnen findet man, wie sie sagt, Menschen in so lächerlichen oder unvorteilhaften Situationen, wie wir sie aus Karrikaturen oder aus den eigenen schlimmsten Momenten unserer eigenen Paarbeziehungen kennen. Der Nutzen der Literatur besteht, wie Brown nahelegt, darin, uns selbst zu verstehen. Der Nutzen der Gestalttherapie ist es, wie sie in ihrem brillianten nachdenklichen Epilog ausführt, uns zu befähigen, dieses Verständnis auf Begriffe der Erfahrung und des Prozesses zu gründen – damit meinen wir die Prozesse des Kontaktes, der Beziehung, der Intimität und jener Mit-Schöpfung des Selbst und des Anderen, die gleichbedeutend mit Wachstum und gesundem Leben ist.

Jener Prozess des Verstehens von sich und anderen wird nirgendwo so potenziell wirkungsvoll, so lebendig und so einfach genussvoll dargestellt wie auf den Seiten in diesem Buch, zu dem ich gerne ein Geleitwort beisteuere und auf dessen Wiederveröffentlichung der Verlag stolz ist. Damit soll ein Beitrag zu der wachsenden Literatur über den Einsatz von Erzählungen in der Gestalttherapie und der Gestalttherapie in der narrativen Therapie geleistet werden. Lesen Sie es und Sie werden lachen vor Selbsterkenntnis. Lesen Sie es und weinen Sie aus vielleicht den gleichen Gründen. Vor allem aber lesen Sie es und lernen Sie daraus.

*Gordon Wheeler*
Cambridge Massachusetts, 1998

---

*) In der deutschsprachigen Literatur der Gestalttherapie liegen außerdem vor: Erhard Doubrawa, Die Seele berühren: Erzählte Gestalttherapie, Wuppertal ²2003, sowie Erhard Doubrawa und Stefan Blankertz, Einladung zur Gestalttherapie: Einführung mit Beispielen, Wuppertal ³2002. [Anm. d. Übers.]

# LITERATUR

Buber, Martin (1929). Ich und Du. Heidelberg: Lambert Schneider, 1958, 1979.

Buber, Martin (1947). Der Weg des Menschen nach der chassidischen Lehre. Gütersloh: Güsterloher Verlagshaus, 2001.

Combs, Gene / Freedman, Jill (1996). Narrative Therapy: The Social Construction of Preferred Realities. New York: Norton.

Doubrawa, Erhard (²2003). Die Seele berühren: Erzählte Gestalttherapie. Wuppertal: Hammer.

Doubrawa, Erhard / Blankertz, Stefan (³2002). Einladung zur Gestalttherapie: Eine Einführung mit Beispielen. Wuppertal: Hammer.

Heimannsberg, Barbara / Schmidt, Christoph J. (1988). Das kollektive Schweigen: Nationalsozialistische Vergangenheit und gebrochene Identität in der Psychotherapie. Köln: EHP.

Hoffman, Lynn (1996). Therapeutische Konversationen: Von Macht und Einflussnahme zur Zusammenarbeit in der Therapie. Die Entwicklung systemischer Praxis. Dortmund: Modernes Leben.

Perls, Frederick S. (1947). Das Ich, der Hunger und die Aggression: Die Anfänge der Gestalttherapie. Stuttgart: Klett-Cotta, 1978.

Perls, Frederick S. (1968/1969). Was ist Gestalttherapie? Wuppertal: Hammer, ²2004.

Wheeler, Gordon / Backman, Stephanie (Hg.) (1994). Gestalttherapie mit Paaren. Wuppertal: Hammer, 1999.

White, Michael / Epston, David (1990). Die Zähmung der Monster: Der narrative Ansatz in der Familientherapie. Heidelberg: Carl Auer, ³1998.

Erhard Doubrawa
**DIE SEELE BERÜHREN**
*Erzählte Gestalttherapie*

In diesem Buch versammelt Erhard Doubrawa, seit vielen Jahren als Gestalttherapeut tätig, Geschichten, die er vielfach in seiner therapeutischen Arbeit erzählt hat – einzelnen Klientinnen und Klienten, in Therapie- und in Ausbildungsgruppen. Sie haben schon oft dazu beigetragen, dass Menschen sich wieder öffnen und sich so von anderen seelisch berühren lassen konnten.

123 Seiten / ISBN 3-87294-908-X / € 11,90

Gordon Wheeler /
Stephanie Backman (Hg.)
**GESTALTTHERAPIE MIT PAAREN**

PraktikerInnen der Gestalttherapie berichten über ihre Arbeit mit Paaren. Sie nehmen verschiedene Klientengruppen in den Blick und berichten u. a. über die therapeutische Arbeit mit heterosexuellen, schwulen und lesbischen Paaren, mit wiederverheirateten Paaren und mit Traumaüberlebenden und Missbrauchsopfern. Ein Buch, nicht nur für TherapeutInnen, sondern ganz ausdrücklich auch für Interessierte und Betroffene.

376 Seiten / ISBN 3-87294-835-0 / € 25,50

Edition Gestalt-Institut Köln / GIK Bildungswerkstatt im Peter Hammer Verlag
*Herausgegeben von Anke und Erhard Doubrawa*

Daniel Rosenblatt,
*Erhard Doubrawa und
Stefan Blankertz*

**GESTALT BASICS**

*Zwei Einführungen
in die Gestalttherapie in
einem Band*

Wuppertal 2003,
188 S., 18,90 €
gebunden mit Lese-
bändchen

**Aus einer Buch-
besprechung:**

»Mit ›Gestalt Basics‹
hat das Gestalt-Institut
Köln anlässlich seines 25-jährigen Bestehens zusammen mit
dem Peter Hammer Verlag einen Sonderband herausge-
bracht, der zwei ›Klassiker‹ der Gestalt-Einführungsliteratur
zusammenführt: Einerseits Daniel Rosenblatts ›The Gestalt
Primer‹ (dt. ›Gestalttherapie für Einsteiger‹) von 1976, und
zum anderen die ›Einladung zur Gestalttherapie‹ von Erhard
Doubrawa und Stefan Blankertz (2000).
Daniel Rosenblatt bietet dem Leser eine sanfte Hinführung
auf Selbsterforschung anhand von kleinen Übungen und Ex-
perimenten und macht so Gestalttherapie anschaulich. Sie ist
übersichtlich aufgebaut und klug geschrieben.
Erhard Doubrawa und Stefan Blankertz’ ›Einladung‹ gestalt-
tet eine weitere Annäherung über erzählte Gestalttherapie,
konkrete Episoden gestalttherapeutischer Arbeit, und über
klare, überschaubare Einblicke in die Theorie.«
*Detlev Kranz, Gestalttherapeut*

Edition des Gestalt-Instituts Köln / GIK Bildungswerkstatt im Peter Hammer Verlag

## Gestalttherapie – Einführungen

*Erhard Doubrawa / Stefan Blankertz*
EINLADUNG ZUR GESTALTTHERAPIE
Eine Einführung mit Beispielen
104 Seiten / ISBN 3-87294-847-4 / € 10,50

*Erhard Doubrawa*
DIE SEELE BERÜHREN: Erzählte Gestalttherapie
123 Seiten / ISBN 3-87294-908-X / € 11,90

## Gestalttherapie – Klassiker

*Frederick S. Perls*
WAS IST GESTALTTHERAPIE?
140 Seiten / ISBN 3-87294-811-3 / € 14,90

*Lore Perls im Gespräch mit Daniel Rosenblatt*
DER WEG ZUR GESTALTTHERAPIE
139 Seiten / ISBN 3-87294-758-3 / € 10,50

*Erving und Miriam Polster*
GESTALTTHERAPIE
Theorie und Praxis der integrativen Gestalttherapie
352 Seiten / ISBN 3-87294-872-5 / € 18,90

*Erving und Miriam Polster*
DAS HERZ DER GESTALTTHERAPIE
Beiträge aus vier Jahrzehnten
389 Seiten / ISBN 3-87294-918-7 / € 21,90

*James S. Simkin*
GESTALTTHERAPIE
Minilektionen für Gruppen und Einzelne
136 Seiten / ISBN 3-87294-634-X / € 12,90

*Barry Stevens*
DON'T PUSH THE RIVER
Gestalttherapie an ihren Wurzeln
261 Seiten / ISBN 3-87294-863-6 / € 17,90

*Anke und Erhard Doubrawa (Hg.)*
ERZÄHLTE GESCHICHTE DER GESTALTTHERAPIE
Gespräche mit Gestalttherapeuten der ersten Stunde
256 Seiten / ISBN 3-87294-946-2 / € 14,90

## Gestalttherapie – Bibliothek

*Stephen Schoen*
WENN SONNE UND MOND ZWEIFEL HÄTTEN
Gestalttherapie als spirituelle Suche
119 Seiten / ISBN 3-87294-735-4 / € 11,90

Edition des Gestalt-Instituts Köln / GIK Bildungswerkstatt im Peter Hammer Verlag

*Stephen Schoen*
GREENACRES: Ein Therapieroman
289 Seiten / ISBN 3-87294-919-5 / € 16,90

*Arnold Beisser*
WOZU BRAUCHE ICH FLÜGEL?
Ein Gestalttherapeut betrachtet sein Leben als Gelähmter
156 Seiten / ISBN 3-87294-774-5 / € 13,90

*Barry Stevens / Carl R. Rogers*
VON MENSCH ZU MENSCH
Möglichkeiten, sich und anderen zu begegnen
261 Seiten / ISBN 3-87294-873-3 / € 18,90

*Daniel Rosenblatt*
ZWISCHEN MÄNNERN
Gestalttherapie und Homosexualität
204 Seiten / ISBN 3-87294-790-7 / € 13,90

*Stefan Blankertz*
DIE THERAPIE DER GESELLSCHAFT
Perspektiven zur Jahrtausendwende
226 Seiten / ISBN 3-87294-781-8 / € 15,50

**Gestalttherapie – Arbeitsbücher**

*Stefan Blankertz*
GESTALT BEGREIFEN
Ein Arbeitsbuch zur Theorie der Gestalttherapie
160 Seiten / ISBN 3-87294-725-7 / € 20,50

*Erhard Doubrawa / Frank-M. Staemmler (Hg.)*
HEILENDE BEZIEHUNG: Dialogische Gestalttherapie
230 Seiten / ISBN 3-87294-820-2 / € 21,90

*Robert L. Harman (Hg.)*
WERKSTATTGESPRÄCHE GESTALTTHERAPIE
Mit Gestalttherapeuten im Gespräch
191 Seiten / ISBN 3-87294-892-X / € 20,90

*Frank-M. Staemmler und Werner Bock*
GANZHEITLICHE VERÄNDERUNG
IN DER GESTALTTHERAPIE
140 Seiten / ISBN 3-87294-780-X / € 19,90

*Gordon Wheeler / Stephanie Backman (Hg.)*
GESTALTTHERAPIE MIT PAAREN
376 Seiten / ISBN 3-87294-835-0 / € 25,50

Die Edition wird herausgegeben von
Anke und Erhard Doubrawa.

# Praxisadressen von Gestalt-therapeutinnen u. -therapeuten (auch für Paare)

Liste nach Postleitzahlen und weitere Infos
**... im Internet:**

www.therapeutenadressen.de

www.gestalttherapie.de

**... oder** für € 1,44 in Brief-marken:

Therapeuten-adressen Service
Rurstraße 9, 50937 Köln